長曽我部 久
HIsashi
Chosokabe

「核なき世界」を願って

消えゆく被爆者の祈り

花伝社

ちんこん
鎮魂

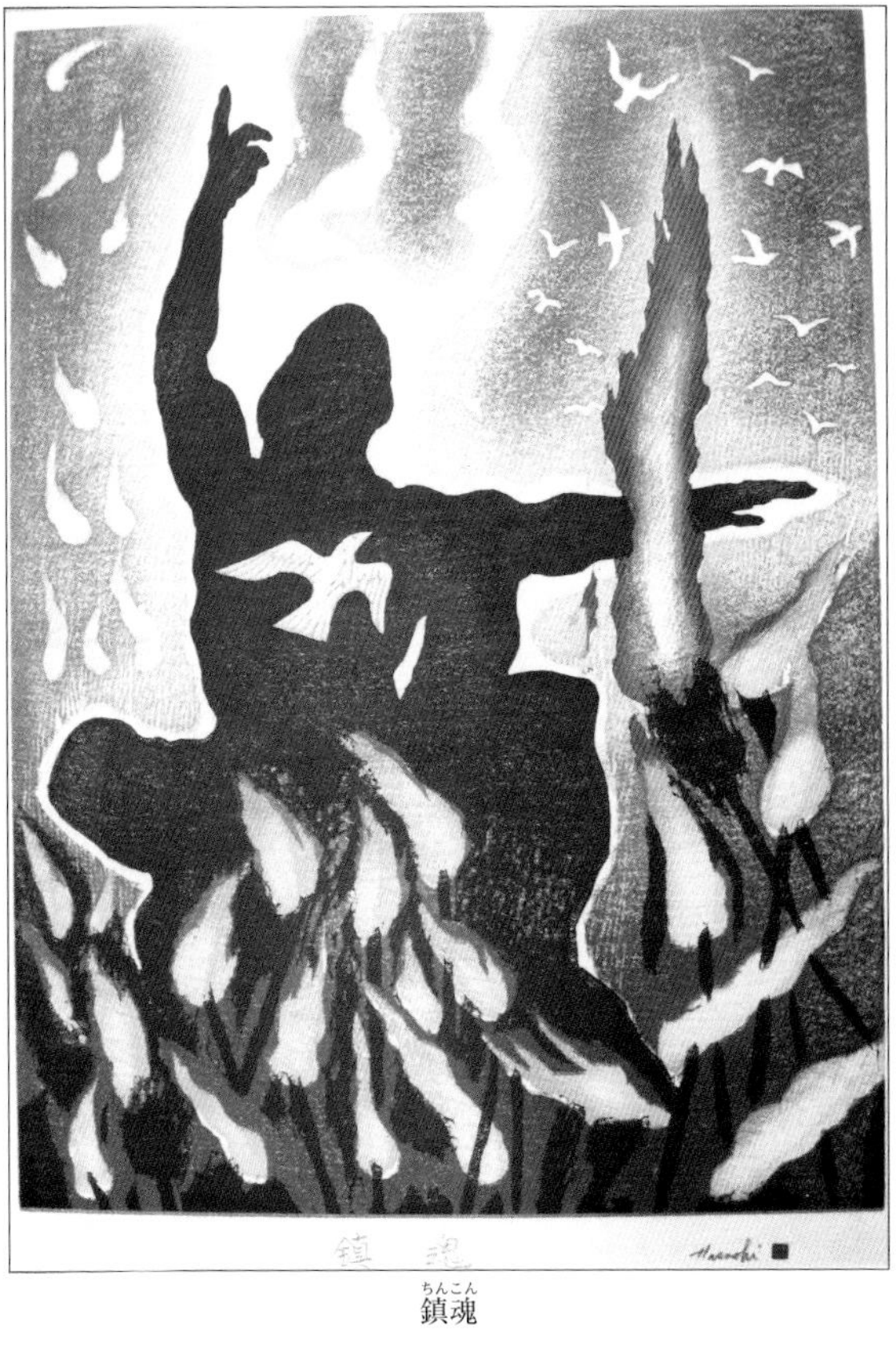

茶毘
（だび）

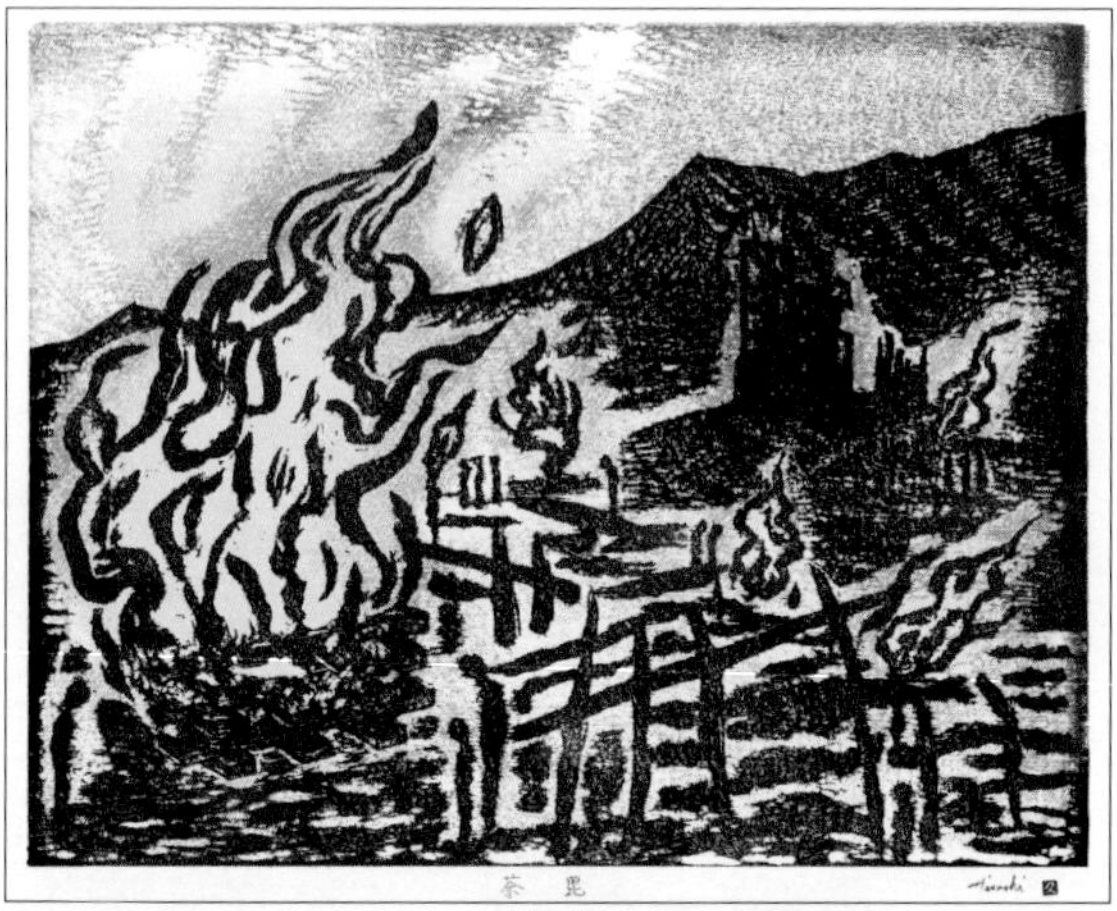

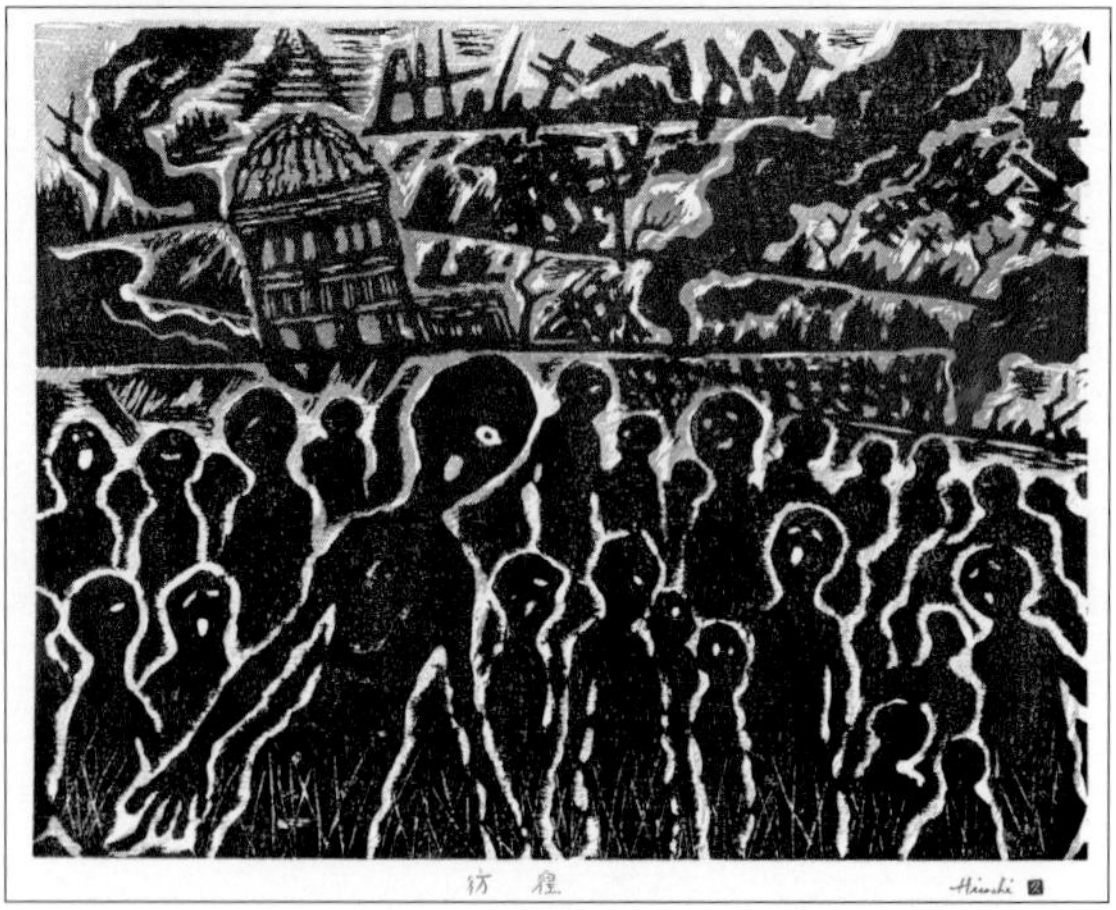

彷徨
（ほうこう）

魂魄《こんぱく》

Never

落日《らくじつ》

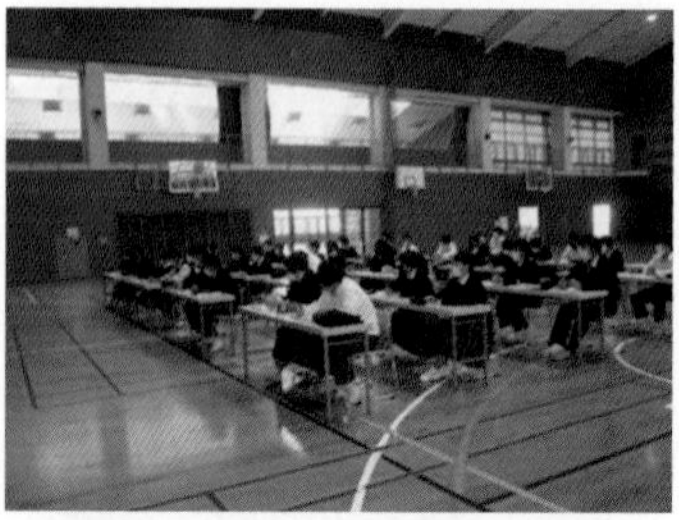

学校教育の現場で

長崎被爆者 谷口稜曄さん名刺裏側
（本文 110 頁参照）

ヒバクシャ地球一周　証言の航海
キューバ・ハバナ市国際交流会議にて

チェ・ゲバラの娘　アレイダ・ゲバラさんと

序　刊行によせて

大阪大学名誉教授　猪飼隆明

ロシアのプーチン大統領によるウクライナ侵略は、開始以来やがて二年になろうとしている。その中でのプーチンの核威嚇による国際的緊張は一時も緩むことはない。その緊張を憂い、一日も早い終息を願う世界をさらに震撼させたのは、言うまでもない、イスラエルによるパレスチナへのジェノサイド攻撃である。

戦争の悲劇は、もはや歴然である。ウクライナにおいても、パレスチナのガザ地区においても、犠牲はすべて無辜の民が背負わされる。ミサイル攻撃は、民の日常の上に襲いかかる。平和な家庭の上に、学校に、そして敢えて病院にも容赦なく降り注がれる。傷つき血を流し逃げ惑う母や子や妊婦の悲惨な様《さま》、見るに忍びない戦争の現実が、テレビの映像に連日映し出される。

世界で唯一の被爆国である日本の岸田文雄内閣は、「核兵器禁止条約」への参加を拒否するだけでなく、この世界の現実と国際的緊張を理由に、国民的合意を経ないまま、「安保三文書」を閣議決定、四三兆円もの巨費を投じて、戦争のできる国・日本へと、軍拡路線をひた走ろうとしている。「戦後」を拒否し、まさに日本国憲法に死の宣告を下しているのである。日本国憲法施行以来七七年の間、かろうじて戦争に直接手を染めることをしてこなかった日本が、敵基地攻撃能力を含む巨大な軍事力を持って、アメリカの戦争に参戦するという事態が生じるのかも知れない、という切迫した状況下に今の日本はあるのである。

日本国民は、ほとんどお笑い芸人の食レポとクイズによって占領されている感の強いテレビ番組の中の、ほんの短いニュースの中で映じられる、この戦争の悲惨を、どれほどに現実のものとして認識しているのだろうか。ましてやＳＮＳなどの情報源に頼り、選択的にしか外の世界を認知しようとしないという傾向の中にある若者にとって、この現実はどのように映っているのだろうか。

日本の「戦後の平和」は、アジア・太平洋戦争の経験と反省、そして二度にわたる原爆被害の経験によって支えられてきたと言っても過言ではない。日本は、「われらは全世界の国民が、ひとしく恐怖と欠乏から免れ、平和のうちに生存する権利を有することを確認」し、「政府の行為によって再び戦争の惨禍が起ることのないやうにすることを決意」（日本国憲法前文）すると宣言し、戦争の放棄を国際社会に約束したが、それをその通り実践させようとの努力は、以上の経験と反省によって支えられてきたのである。

しかし今や、その経験者は実に少数派になった。戦争時代の経験者、被爆体験者に「戦後」の維持を期待することは困難になったというのが実感である。

さて、本書の著者長曽我部久氏は、一九四五年八月六日、広島市中にいて原爆の犠牲者となった。父を捜して母親とともに市中を徘徊して自らも被爆、その苦難を乗り越えて戦後を生き、学び、運動もし、社会に出て責任ある地位にも就かれたが、いま彼は、自らの能力のすべてを駆使して、その体験を伝えたいと願い活動をされている。

戦後、科学・技術の目覚ましい進歩は、核兵器の威力を数百倍にも高めたが、武器はもちろん戦争の形をも大きく変化させつつある。予測し得ない事態も考えられる。著者は、戦争の実体験だけではなく、今が新たな危険をはらんだ時であることを若者たちに知ってほしい、そして戦争のない平和な社会実現の担い手になってほしいと願って、若者たちに語りかけ続けてきたのである。
本書に収録されている中学生の手記・感想文に綴られた心情は、著者の訴えが彼らの心に届いていることの証しであろう。

（パールハーバー八二年目の日に記す）

まえがき

１９４５年、広島・長崎に投下された原子爆弾の惨禍は、人類の歴史に大きな汚点を付けた。

しかし80年ちかくたった今でも、人類は再びその恐怖に日々おびやかされ、悪夢を再現しようとしている。

高齢化した被爆者の願いは、悲惨な核被害の真実を語り継ぎ、世界になぜ核兵器の存在が許されないのかを訴えていくことである。

再び核兵器が使われないためには、願望だけでなくあらゆる努力と行動が必要であるが、具体的手段の実行には至っていない。

原爆と戦争体験については、自らの実体験に基づき、より詳細に歴史の真実の知る限りを後世に伝えることがわたしたちの世代責任だと考え、微力ながら尽くしている。

わたしが木版画を始めたのは20年ほど前になる。最初は年賀状程度であった。

「睥睨《へいげい》」

原爆被爆者団体に参加し毎年開催される熊本県平和美術展の担当にもなった。

そして作品がたまり、原爆版画のＤＶＤ「これは雲ではない」を制作し、広く配布し学校でも見せるようにした。英語版も作り国連やオスロでも配布した。

わたしは今年満年齢で米寿を迎える。その記念の意味を含めて本書を書き、わたしの好きな版画「睥睨」を掲載することにした。

わたしが加藤清正公を尊敬するのは、熊本滞在期間は長くないのに治山・治水・築城などの立派な事跡を遺したこと、しかも莫大な事業費で領民を苦しめることなく完成させた為政者としての能力が素晴らしいからだ。

熊本平野と阿蘇の山脈を見晴らし、領民の行く末を見守っている「姿」が好きだ。

「核なき世界」を願って——消えゆく被爆者の祈り◆目次

一　原子爆弾の開発

1938年、ドイツのベルリン、カイゼル・ウイルヘルム研究所で、ウラン原子に衝撃を与えて原子核を分裂させた。核分裂による莫大なエネルギーに世界中の物理学者が驚く。最初は原子力エネルギーの平和利用からスタートした。

1939年7月、ナチスドイツのヒットラーは、兵器としての原爆の研究をスタートさせた。

ユダヤ人の物理学者シラードが、ドイツが原子力エネルギーを利用した原子爆弾の開発を先行したら世界は大変なことになると考え、師であるアインシュタインに相談してアメリカのルーズベルト大統領に建言した。

イギリスのチャーチル首相は《チューブ・アロイズ》という秘密の原爆開発チームをスタートさせた。チューブ・アロイズの学者フリッシュ・パイエルスがウラン235を分離し原爆の小型化に成功、実用化の見通しがついた。

上：アインシュタイン　下：ルーズベルト大統領、トルーマン大統領、アイゼンハワー大統領

原爆開発に躊躇していたルーズベルト大統領も、チャーチル首相と米・英共同開発をスタートさせた。ルーズベルト大統領は極秘で原爆開発計画「マンハッタン計画」を策定、54万人の人員と20億ドルの巨費を投入した。開発は困難を極めたが、「ドイツの降伏直後に、米国がソ連に先んじて『ドイツ核研究所』からウラン鉱石を搬出したことと無縁ではない。それをアメリカ西海岸ワシントン州ハンフォード核施設に運び、ウランを精製し、ニューメキシコ州アラモゴードの砂漠で、初めての核実験に成功した」(『オバマへの手紙ヒロシマ訪問秘録』三山秀昭著)。

紆余曲折があったが、イギリスも協力し完成させた。

オッペンハイマーが原爆を世界で最初に完成させた。

驚くべき威力に多くの科学者は原爆の使用に躊躇した。ルーズベルト大統領とイギリスのチャーチル首相は「米英原子力協定に関する覚書」を調印し、対日使用を進めていた。ルーズベルト大統領は終戦直前の4月12日に急死し、急遽大統領になったトルーマンが、原爆投下を最終決定した。

彼は原爆投下に署名したが、つぎの言葉を残している。

国務長官バーンズに、「自分が原爆使用の命令をくださねばならない立場にあることは

原子雲

遺憾だ」。

7月16日にニューメキシコ州アラモゴードで核実験し、21日後の8月6日に広島に投下した。

3日後の9日に長崎に投下された。

後に大統領になるアイゼンハワーは、「そんな爆弾は日本に使わせないですませたいものだ。アメリカがそんな殺傷破壊兵器を最初に使用する国になるのはしのびない」と率直に語っている。

二　原子爆弾投下

あれからもう80年近くになる。

１９４５年８月６日、朝８時15分、突然目のくらむような閃光が走った。直後に激震があり、木造校舎を揺るがすような地響きが伝わってきた。机にしがみついた記憶がある。広島市の東方約20㎞の国民学校（小学校）の教室だった。クラス全員が窓に飛びついた。

今でも脳裏に焼き付いているが、雲一つない快晴である。明るい青空の中、真っ白なパラシュートがふわふわと降下している。

間もなく地表から黒煙がたち昇りはじめる。黒煙は身をくねらせるように渦を巻き、地表のすべてを吸い上げ、すさまじい勢いで天に昇っていく。

驚天動地とはこのことだろうか。

原子爆弾の爆発は上空５～６００ｍで起り、１００万度に達する火球ができる。直下は

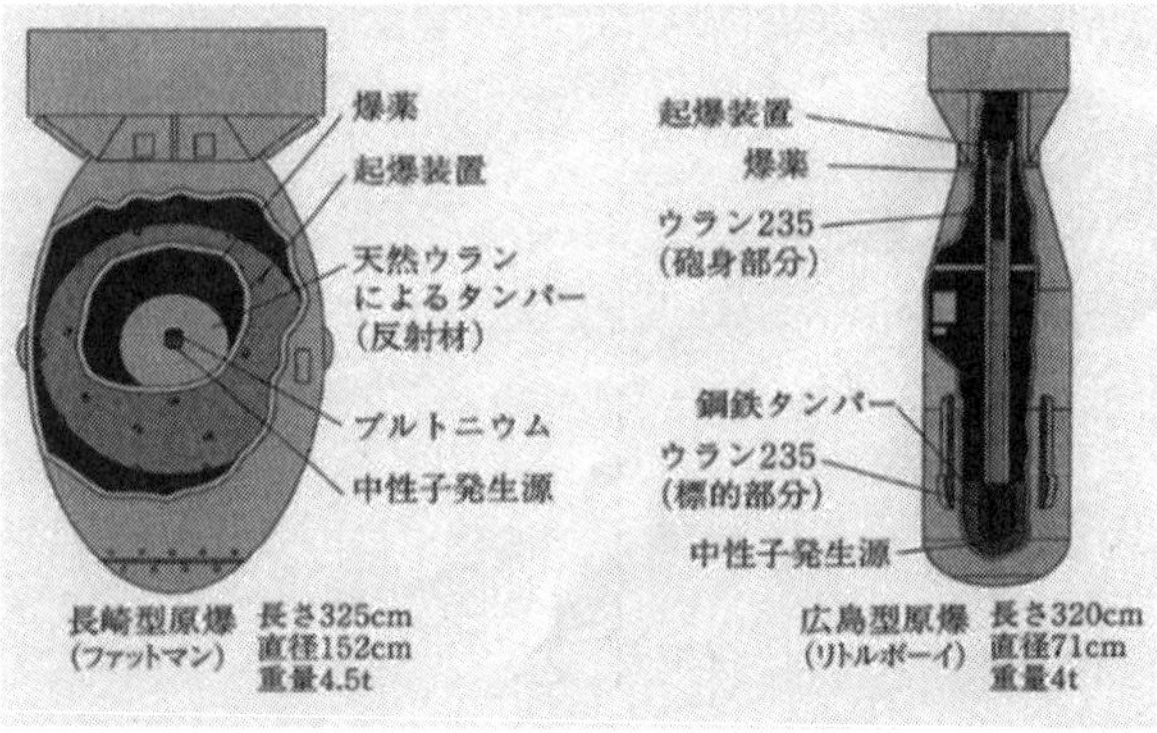

広島型原爆と長崎型原爆の構造図
この１発で！
広島の14万人（８月６日から年末まで）、長崎の7.4万人（８月９日から年末まで）が死亡したのである！

３～４０００度になり、家屋を焼き尽くし、人々を黒焦げにし、火傷は全身におよび、生き残ってものちのち見るも無惨なケロイドになった。

ケロイドになった面相は、人々に恐怖感をあたえ差別の対象とされた。

火球は急速に冷却され、収縮された空気によって地表のすべてを巻き上げ、黒煙となってもくもくと１万６０００ｍまで達した。

世間ではこれを雲と呼ぶ。しかし雲ではない。

人々の住む家屋と人体が焼けた煙である。わたしの父の肉体が焼けた煙でもあった。

しかしここでは原子雲と呼ぼう。直下にいた被爆者は煙と砂塵にまみれ、この原子雲は見えていない。見たのは周辺地域にいた住民だけで、天を見上げた。

爆発による強力な閃光は広範な地域の人々の人体を透過し、細胞や血管を破壊した。最近亡くなったが、Ｎさんは当時長崎高商の学生だった。爆心地近くのビルの地下に居たが、屈折反射した閃光を浴びたと言う。信じられないが、両手の皮が垂れさがりいわゆる「お化け」状態になった。強力な閃光の威力は科学的には解明されていない。

衝撃波は人体を圧迫し、目玉が飛び出し垂れ下がった。内臓が飛び出した死体もある。木造家屋は押しつぶされ、下敷きになった多くの人々が息のあるままに焼き尽くされた。地面には黒焦げの焼死体が並び、橋桁や欄干に死体がぶら下がり、川には死体が群がって浮いていた。

一面焼け野原になった。

生き残った被爆者は帰る家もなく、陸軍の練兵場では多くの人が野宿していた。病院も医師も壊滅状態であり、周辺に仮設収容所が設置されるが、むしろや地面に生死を問わず並べられた。水を求めている。

死亡した被爆者の遺体には蛆虫がわき、焼け跡の悪臭と高温の中で上半身裸になった兵隊が、レールの枕木に死体を積んで焼いていた。

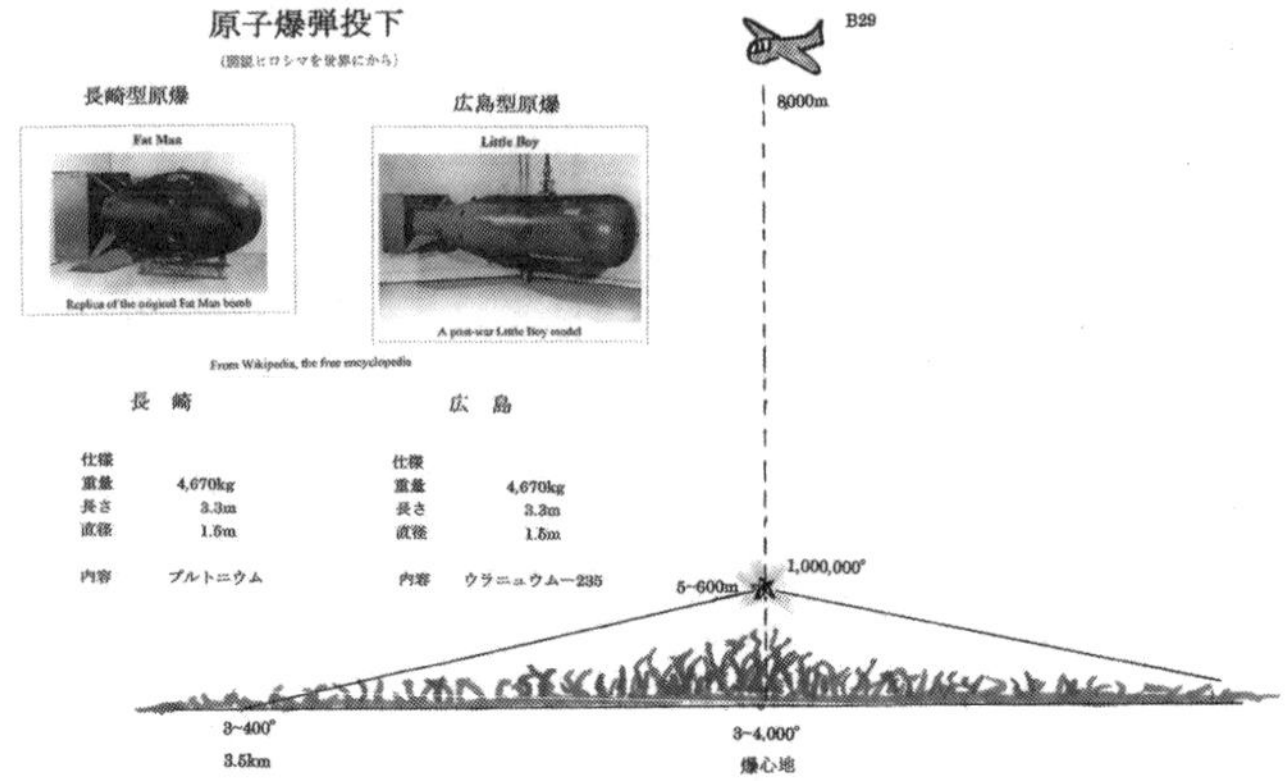

B-29 広島に原爆投下した「エノラ・ゲイ」

核爆発は放射能汚染を引き起こす。

原子爆弾が核分裂によって炸裂すると、強烈な光と初期放射線を発射し人体を通過する。

衝撃波・爆風によって空気中の微粒子に付着した放射性降下物（放射性微粒子）は、呼吸する人体に侵入したり、食物を通じて体内に蓄積する。低線量の放射線はＤＮＡに異変を与える。内部被爆である。

放射線の人体への影響は判明し難い。目・鼻・耳などから出血する。身体に斑点が出、赤から紫やがてどす黒くなり死にいたる。

残留放射能は体内に備蓄され、常に発ガンの可能性にさいなまされ、ＤＮＡ損傷による子孫への影響も恐れられた。

わたしの父は青年時代フィリピンに居たこともあり、太平洋戦争勃発後ボルネオの石油を日本に持ち帰る計画を進めた。

昭和19年だと記憶するが、３００トンの木造船に石油掘削機を積んで鹿児島の山川港から出港した。台湾での戦いは「台湾沖航空戦」といったが、戦況が悪化し台湾より先には行けず帰国した。

家には帰らず軍の国内での輸送を手伝っていたようだ。

原爆投下の一週間前に帰宅した。たまたま父が縁側でピストルを手入れしていた。聞いたのはわたしだけだった。

「日本は戦争に負ける。負けたらわしは割腹する。骨は太平洋に撒いてくれ」

原爆投下前日の夕方、広島市へ出かけた。

翌朝広島上空で爆発。新型爆弾だという。

夕方八本松駅に父を迎えに行った。たまたま到着した列車、降りてくる学生など首筋や手の甲か腕に、大きな火傷の水ぶくれをつくっている。列車のデッキに横たわっているのは死体らしい。広島の被災の全貌は誰も分からない。

父は帰らず、翌朝から母は父を捜しに村役場の出す木炭トラックで、毎日一週間近く広島市に通う。兄は数日入市。わたしは一日でダウンした。

母は当時29歳。原爆投下翌朝から一週間近く、父を捜して市内をさまよった。

父は当時としては大柄な六尺三寸、１８３㎝ぐらいだろうか。長身の病人や死体を捜して、焼け跡や仮設救護所を徘徊した。

母は僥倖にも父が宿泊した家の方に遭遇できた。その方は爆発の瞬間台所に居たが、気が付いたら崩壊した家の前に立っていたという。砂塵で視界も悪く、方々から火の手が迫ってきて、幼い子供を残して命からがら逃げたそうだ。

翌日母だけが近所の人数人の応援を得て、スコップを持って出掛けた。

焼け跡から遺骨を掘り出した。父の八角形の焼けた時計と、金歯で確認できた。

同宿していた社員と幼児の遺骨も発見できた。爆心地から1・2キロの地点である。

夕方母を先頭に白布で包まれた箱を、首から提げて帰ってきた。

菓子箱のような木箱に入ったお骨は、完全に白く焼けていた。

ボロボロに焼けた時計は高級なものだったらしいが、文字盤も焼け焦げていた。

死亡が確認できたのは僥倖であった。

焼けた時計は、父の遺骨を浄土宗総本山知恩院に分骨した際寺に納めてしまった。原爆資料館に寄贈すべきであった。残念でならない。

原爆死で一番多いのが、このような家屋の下敷きになって瀕死状態で、延焼してきた火災による焼死である。

母は広島出身であり、遠戚の人も多数死亡した。家屋の下敷きになって焼け死んだり、後日頭髪が抜け始め原爆症で亡くなった。

約3年後、母はガンに罹った。手遅れだと言われたが助かった。十数年後再びガン、助かったがそれ以後高血圧症や低白血球で生涯苦しんでいた。

入院中の母の一言は未だに胸が痛む。

「娘が居たらね」

死んだ父よりも、生き残った母のその後の人生の苦労は大変だった。

戦後の混乱の中で、二人の子供を抱えた生活である。もし母が亡くなっていたら、小学生の兄とわたしは焼け跡を浮浪児としてさまよい、戦災孤児収容所に収容されたかもしれない。

父は帰国しても船で軍の海上輸送に協力していた。

陸軍省に最期の報告をすると言って広島へ出掛け、翌朝被爆死亡した。

父は軍属中佐だと言っていた。父の当時の名刺が残っている。肩書きは灘九八〇一部隊陸軍嘱託。しかし軍務で出掛けているのに、南方軍の軍属だから軍人恩給は認められないという。

納得できる話ではないが弱者に救済の道はない。

軍人恩給は、他の国家補償と比しても恵まれていると聞く。親子に収入は無い。恩給が支給されていたらどれだけ助かったことだろうか。

父は家族のために多額の生命保険に加入していた。しかしこれも1949年のドッジ・ラインという経済緊縮財政策によって農地改革が行われ、小作人に農地を与え、国民の一定額以上の預金を封鎖した。各家庭の預貯金は新円封鎖が行われ、預金は戸主本人は三百円、その他は一人百円以上は接収された。

兄は五十歳代で発ガン、8年の闘病後亡くなった。

わたしが広島市に入市したのは原爆投下直後の100時間以内、9歳の時である。後にできた被爆者認定基準では、入市被爆者とは、約100時間以内に爆心地から約2キロ以内に入市した者である。

炎天下、煙と悪臭の焼け跡を、怪我人や死体の中をとぼとぼと歩いた記憶はおぼろげである。

初めて広島の原爆資料館を訪れたのは、約75年前の中学生時代である。被爆当時を思い出し、生々しい展示品に衝撃は大きく、二度と見たくないと思った。その後原爆資料館へは10回近く訪れている。しかし展示の迫力や恐怖感はかってほど無くなったような気がする。

「焼き場に立つ少年」弟の骸を背負う
米海兵隊ジョー・オダネル 長崎で撮影

低学年の観覧者などへの衝撃が大きすぎるという意見もあるが、世界中で悲惨な虐殺なども多い中で、事実をゆるめて伝達することがあるとしたら問題である。少なくとも訪れる外国要人などには、原爆被害の実態を生々しく伝える必要はある。

三　原爆被害秘匿の影響

米軍の9ヵ月に及ぶ日本への毎夜の焼夷弾による空襲は、多くの一般市民を毎日殺りくした。死者は40万人にのぼると記憶している。日本のほとんどの都市は焦土と化した。

3月10日の東京大空襲では、一般市民10万人以上を無差別にたった1日で殺りくした。真っ暗な夜間に、焼夷弾を円形に街の周囲に投下した。中央部の人間は逃げ場も無く蒸し焼きである。

わたしは戦後の3年目ごろ大阪市の中央に移住したことがある。家の裏はまだ焼夷弾で焼きつくされた瓦礫の山の焼け跡だった。

焼夷弾は六角形だったと思うが、長さは50センチくらいある。それが5～6メートル間隔で散らばっている。すさまじい勢いで降ったであろう。

4月に全滅した沖縄戦では、20万人が死んだ。

原爆投下にまつわる見解は多くある。米国は非人道的な空爆を続けたということでの国際世論による批判を怖れ、当時の陸軍長官スティムソンが、原爆一発で決着をつける発言をしたという。原爆投下による早期決着に踏み切ったという説である。

余談になるがアメリカでは、「原爆投下によって戦争終結が早まった」という見解が強いという。戦前のアメリカは日本人の移民を禁止し、日本人はイエローモンキーと言われ差別や偏見も強かった。パールハーバー攻撃や戦争による犠牲での恨みも強かった。アメリカには原爆投下で日本をやっつけたと考える人も多かったであろう。

日本では、投下された当時は原爆の全貌は何も分からなかった。

ただあまりにも広範囲に多くの人々が被害を受けた。

眼の前で肉親の悲惨な原爆死を見た人は、「アメリカが憎い」という感情がぬぐえないのもやむを得ないであろう。

原爆を使用したことは、人道上の問題として思考すべきだと思う。

米軍は沖縄に次いで南九州上陸作戦を進めた。熊本・鹿児島・宮崎三県を、戦闘機でくまなく機銃掃射して回り、反抗基地を調査して回った。

熊本でも、田んぼに囲まれた小さな集落の民家にまで銃弾が残っている。

日本は「一億玉砕」、最後の一人になるまで戦うといって、原爆を投下されても継戦した。その間も毎日の空襲や南方（太平洋地域）戦線、満州でのソ連の攻撃によって何万人も死んでいった。

原爆投下によって戦争終結が早まったことは否定できないと言うと誤解を受けやすいが、否定できないのも事実だ。

アメリカの広島へ投下した原爆リトルボーイは、7月16日アラモゴードで核実験した時には、まだサンフランシスコ湾で戦艦に積載中だった。

それからテニアン島へ輸送された。

8月6日、B-29エノラ・ゲイ号で投下された。

米軍の戦法に血も涙も無い。古今東西戦争は血も涙もないものだ。

米国は原爆開発を急いだ。完成テストして21日後に広島へ投下しているということは、日本のポツダム宣言受諾が今少し早ければ原爆被害は避けられたはずだ。

（注）英国のチャーチル首相の著書、『第二次世界大戦』がこの点に触れている。政治家の発言だから全面的に信ずるわけにいかないが、米・英側の視点がわかる。

「空と海から日本に対する破壊的攻撃がつづいていた。7月の終わりまでには日本海軍は事実上消滅した。日本本土は混沌のなかにあり、崩壊寸前だった。

外交官たちは、天皇の権限の下での即時降伏以外に日本を完全な崩壊から救うすべはないと確信していたが、実権は依然として全面的に軍部の手にあり、彼らは敗北を認めるよりは国民に集団自決をさせる決意を固めていた。恐るべき破壊に直面しながらもこの気違いじみた階級はなんの反応もみせず、情勢を有利に転換するなんらかの奇跡を公然と信じつづけていた。(中略)

結局、日本軍の即時無条件降伏を要求する最後通牒を送ることが決定された。この文書は7月26日に公表された。その条件は日本の軍首脳部によって拒否された。そこでアメリカ空軍は原子爆弾を広島に一個、長崎に一個投下する計画を立てた。住民に対してあらゆる機会を与えることに我々の意見は一致した。

手はずは詳細に進められた。人命の損失を最小限とするために、7月27日ビラをまいて、日本の諸都市は強烈な空爆にさらされることになるという警告を与えた。翌日、6都市が攻撃された。7月31日、さらに12の都市に警告が発せられ、8月1日に4都市が空襲を受けた。最後の警告は8月5日になされた。

それまでに『超空の要塞』(B29重爆撃機)は、毎日150万枚のビラと最後通牒の写しをまいたといわれる。最初の原子爆弾は8月6日まで投下されなかった。

8月9日、広島の原爆につづいて第二の原爆が、こんどは長崎に投下された。翌日、一部の軍部過激派によって反抗にもかかわらず、日本政府は、この最後通牒が最高支配者としての天皇の大権を損うものでないという条件のもとに、これを受諾することに同意した。連合艦隊が東京湾に入り、9月2日朝、合衆国戦艦ミズーリの艦上で正式降伏文書の署名が行われた」


日本側の状況は把握されており、これが事実なら数日前でも日本が降伏の意思を示しておれば、原爆投下はまぬがれた可能性がある。

日本軍は「本土決戦」と言って、対戦車用タコつぼを掘るスコップも無いのに若者をけしかけた。

焦土と化した国土で、食べ物も無い中で、最後の一人になるまで竹やりを持って戦えといった軍部や政府には憤りを感じる。

阿南陸相は、広島・長崎へ原爆が投下されても天皇陛下の最期のご聖断が下るまで、戦争続行でがんばった。

「一死をもって大罪を謝し奉る」の遺書を遺して自殺した。責任ある立場の人間が、死ねば済むという思考は許せない。

無条件降伏した場合、軍部の反乱や暴走を止められないと考えたのであろう。血気にはやる若手将校を懸念したのかもしれないが、「天皇陛下万歳」と言って自刃したのは、無惨にも極少数であった。

そして指導的立場にあった人間は、敗戦後一日でみな豹変した。立場を考えない為政者の無責任感は人間不信を呼ぶ。日本人はもっと信念のある民族ではなかったかと思っていた。

原爆投下後日本は無条件降伏。1ヵ月後に進駐した連合軍のファーレル准将は、9月5日に公式発表した。

「原爆放射能の後障害はありえない。すでに、広島・長崎では原爆症で死ぬべきものは死んでしまい、9月上旬現在において、原爆放射能で苦しんでいるものは皆無だ。」

毎日数百人の被爆者が亡くなっているさ中で広島・長崎への立入りを禁止し、原爆報道禁止令を出し、情報の秘匿をはかった。

米軍は数ヶ月にわたり残留放射能の飛散状況調査を行い、人体への影響を調査した。その後も調査を継続しているが、最近になって米国で当時の調査関係者のデータが発掘されている。

長崎市から3㎞の西山地区は、山影のため閃光も爆風も初期放射線も受けなかった。しかしドロドロの黒い雨が降った。高濃度の残留放射線が測定され、残留放射能の影響か住民の白血球の数値が異常に増え、白血病患者が増え死亡者も出たという。

米軍はすべて把握していた（NHKTV原爆初動調査〝科学〟を握り潰した〝国家思惑〟）。

調査結果に基づき被爆患者の手当をすれば、救われた命もあったであろうが、グローブス少将はそれらのデータをすべて㊙とし抹殺した。人道上よりも政治を優先したのである。原爆資料はすべて米国へ持ち帰り、日本での被爆者治療のための原爆医療の研究さえ禁止した。

社会から原爆という言葉は消され、忘れ去った。

手当すべき薬も無く、毎日何百人も死んでいく中でのことだ。

理由としては、原爆開発中のソ連に知られたくないことと、残留放射能被害を公表すれば、駐留する米軍兵士に不安を与えることを懸念したといわれている。

日本政府も厚生省役人も、被爆者救済の意識は無かったと言えるだろう。薬の調達や看護の努力もせず、延長が認められる「戦時災害保護法」さえも打切り、病院や救護所も次々と閉鎖され、被爆患者は追い出されていった。

アメリカや赤十字国際委員会に、具体的、積極的な救援要請は一切していない。

被爆地は放射能で汚染され、ペンペン草も生えない、人間は100年（75年ともいう）は住めないと言われた。

原爆投下の数日後、約20㎞の道を歩いてボロボロになって我が家についた遠戚のおばの言葉は忘れられない。

「途中でお百姓さんは、自分たちの姿を見ると戸口を閉めた。水一滴ももらえなかった」

多くの人が知らないが、日本人同士でも、被爆者は差別され石を投げられ悲惨な生活を送っていた。結婚も難しかった。

放射能がうつると言われ、生まれてくる子供はまず指の本数を数えられた。

被爆した女性は、妊娠すると中絶・堕胎を強制されたケースも多い。

被爆した事実を家族にも語らなかった人も多い。

こうした政府や役人の被爆者への対応こそ人道上重大な責任がある。これを指摘すると政府や国家への体制批判と取られる。

指摘するのが目的ではない。被爆者放置が放射能の後障害を秘匿した。放射能障害の実態は解明されず、これ以降世界中に影響を及ぼした。

日本では十数年後にやっと特定のガンだけが原爆症認定の対象とされた。厳しい認定基準に被爆者団体と政府とは対立し、裁判で訴訟しなければ解決できない状況になった。そのため二度にわたる被爆者集団訴訟にもつながった。

集団訴訟というけれど、第一次原爆症認定集団訴訟は308人、第二次ノーモア・ヒバクシャ訴訟は東京・大阪・広島他数県で行われ、121人（2017年現在）の提訴である。

被爆者健康手帳保持者は37万2千人もいるのに、大多数の被爆者は訴訟にも加わらず、厚労省の裁定に涙をのんだ。

裁判に参加・支援できるのは、高裁のある都市周辺に限られるし、金と時間、勇気もいる。

わたしも被爆者の原爆症認定申請の支援に直接携わり、日本被団協九州ブロック代表理事としての責任上、霞ヶ関の厚労省に何度も陳情に行った。福岡高裁にも通った。納得できるものではなかった。聞くだけで涙がでる話は一杯ある。

生き残った被爆者に対する配慮の欠如は日本の恥部である。

行政への不信感は根強い。具体例を示そう。

ある被爆者のご主人がポツリと言った言葉が耳から離れない。

「家内は結婚1週間後から病気の連続です」

奥さんは1歳の時長崎市、爆心地1・5キロで被爆した。

子宮ガン、卵巣腫瘍摘出手術、足の変形手術、肺ガン、その際肋骨1本切除したが癒着発生。肺炎、気管支喘息・脊髄圧迫骨折、その後も心臓を含め全体が弱り苦痛の毎日だという。

「私が原爆症でないと否認されたら、これまでの人生を否定されるのと同じです」

これまで原爆症認定申請を何度か却下され、これは2015年に提出した異議申立書の記述である。それでもダメだった。

聞いて涙が出なかったら人間ではない。今でも年賀状をいただくが、胸が痛む。自分の非力を恨んでいる。

天草の入市被爆者で原爆症認定申請は、港から基準の２km地点長崎駅まで小学1年の足では3時間では無理で、100時間をオーバーすると否認された。オーバーしてもせいぜい1時間である。しかも基準は約100時間となっている。入院中に否認通知があり、無念の思いで、「退院したら実際に歩いてみる」と言われた。数日後亡くなった。そんなケースもある。

原爆症認定申請には医者の証明書の取得や多額の費用や手間がかかる。そして否認されても、否認理由の説明がなされることはない。

四　被爆者補償の実状

政府は原爆症認定を放射線起因性といって、放射能との因果関係が証明されなければならないという。

これは一方的暴言ではないだろうか。被爆者に放射線起因性との因果関係があることの証明を求めている。ならば政府は因果関係が無いことを証明すべきでないだろうか。

入市被爆者の原爆症認定基準では「約100時間以内に2キロ以内に入市」とある。101時間でも2・1キロでも役人はダメだと言う。約が付いているのに、1時間超えても、100メートル超えてもダメだという。

爆発は上空500～600mで起り、障害物も無く拡散する。微粒子に付着した放射性物質が衝撃波によって飛散する。

直下で秒速280mの衝撃波は2㎞地点まで数秒で到達する。

認定基準の現実離れは明確である。

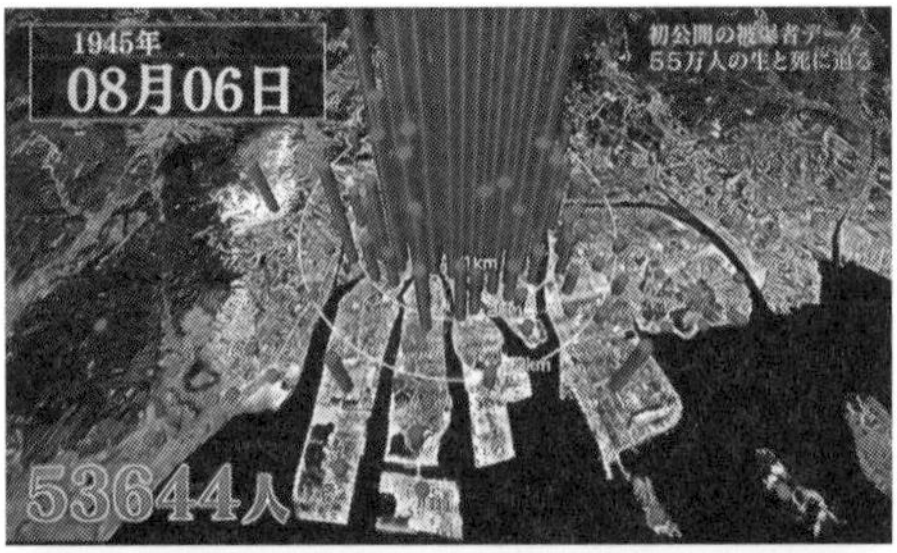

非ガン疾患の認定に、入市被爆者は一人も認定されなかった。

甲状腺機能低下症については少し違うが、非ガン疾患は1・5㎞を超えると1件も認定されなかった。1・5以内でも多数の申請者が却下されていた。

例えば、心筋梗塞では1㎞でも却下例があり、肝機能障害0・7㎞でも却下例があった。（被爆の場所　爆心地からの距離）

［傍線部分　ノーモア・被爆者訴訟・弁護団資料より］

ここに掲載したNHK制作のDVD「原爆死～ヒロシマ　72年目の真実～」

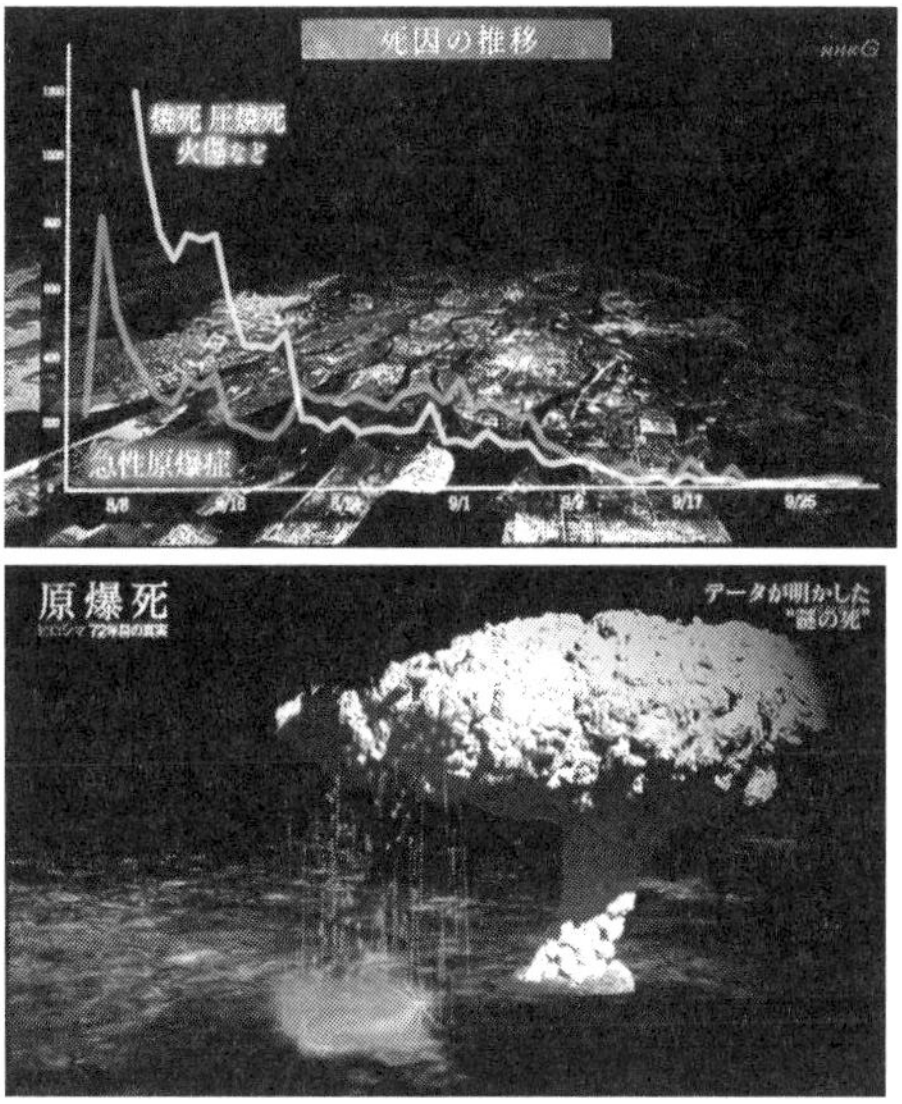

写真：「NHK スペシャル原爆死～ヒロシマ　72 年目の真実～」

の被爆死グラフは、原爆症認定基準と事実との矛盾を明確に指摘している。この原爆死者分布図は全国民が見ている。初期放射線や黒い雨は風で飛散し、円形ではありえない。3キロメートル超の地区でも死者は多数いる。厚労省はこのエビデンスが公表されても、無視している。無責任極まりないことだ。

その後広島・長崎で原爆症認定訴訟が起こり、広島では原告勝訴で被爆認定の範囲が拡大された。長崎では訴訟が継続中である。

これが原爆投下から80年近くたっての状況である。

広島ではやっと被爆者として認定さ

れる範囲が広がったという事である。

参考までに、米国政府は一九八八年原爆投下1ヵ月後広島・長崎に駐留した米兵士に対し、「放射線被爆退役軍人補償法」を制定、補償している。なぜ43年もかかったのかは問題だが、あらゆるデータを持つアメリカが後障害を認定している。

エビデンスは公表されていないが、日本政府に良心があるなら、無視・放置すべき問題ではない。

すべて政府の責任となっているが、政府と行政の責任を明確に区分すべきではないだろうか。行政には裁量の範囲もあるはずだし、問題が起こればすべて大臣が責任を取る。役人は大臣なんて待てばすぐ替わると思っているようだ。

残念ながら、日本を動かすのはこの超一流のトップエリート集団である。知能とプライドは最高、でも心は感じられない。無責任なお上意識であり上から目線としか思えない。

被爆者は基準に定める11の障害に該当すれば、年間40万円程度の健康管理手当を支給される。年間9000～1万人程度は死亡してきた。毎年40億円程度は節約できるが、被爆者支援策の改善費用に還元されることはない。

放射能の影響の研究遅れもあったし、被爆者の立場に寄り添った支援にも欠けている。

厚労省は被爆者が死ぬのを待っていると言われる所以である。

放射能障害が世に知られ被爆者問題が認識されたのは、原爆投下から9年も経った米国によるビキニ環礁での水爆実験以後である。

日本の漁船「第五福竜丸」が１６０㎞も離れた地点で被爆した。

水平線上南西で閃光があり、数分後に爆音が轟いた。三時間後には白い灰が落下して甲板をおおった。

２～３日後、全乗組員が頭痛や吐き気を訴え、皮膚の水ぶくれや頭髪の脱毛を起こす者が出た。半年後、乗組員の一人無線長の久保山愛吉さんが死亡した。

原爆症と認定された。

第五福竜丸はアメリカの発表した禁止区域から64キロも離れていた。

アメリカ政府は遺憾の意を表すると共に補償を行った。

第五福竜丸の被爆地点の近くには、他に多数の漁船がいたそうで被爆認定を求めているという。

原爆被害の秘匿による弊害が世界中に一気に表面化した。

これを契機に日本で「核兵器禁止」署名運動が起こり、世界に波及し、日本各地で被爆者団体が結成された。

被爆者団体には「核兵器廃絶」と「被爆者救済」の二つの使命がある。政治力も弱く資金力も無い被爆者は、革新団体などの支援を必要とした時代もあった。このため被爆者運動は反米的、反政府的運動と見られた。補償金目当てだとも言われた。この風潮はいまだに残っているが、被爆者が消え去ろうとしている今、核兵器廃絶運動に被爆者の果たした役割を見直すべきであろう。

被爆者はこれまで70年近く「核兵器廃絶」を世界の各国や国連に発信してきた。その費用はすべて被爆者の負担である。

今でも年老いた被爆者は乏しい年金から拠金している。

「今度の年金が入ったら会費を持っていきます」

と言われた言葉も忘れられない。

年老いた被爆者はもう限界にきている。収入はわずかな国民年金と、申請し認可されれば受給できる月3万円あまりの被爆者健康管理手当だけである。

金利収入も無く、畑仕事もできない。

多くの政治家や政府は被団協の支援はしていない。被爆者団体と距離を置いている。

各市や県では被爆者団体に事務所を提供したり、支援や協力をしている。肝心の日本被団協は、被爆者の減少により事務所費負担にあえいでいる。

日本政府が被爆者と一体となって世界で「核廃絶」のリーダーシップを取るには、被団協の存続は国にとっても必要条件のはずである。対立する時代ではない。いつまでも被爆者に依存するなと言いたい。

原爆投下が人道上の問題とされるが、これは被爆死した人間への問題である。生き残った被爆者に対する人道問題は見逃され欠落している。薬も手当も支援も無く放置され、12年後にやっと形ばかりの「被爆者医療法」が制定された。

その後も部分的には改善されてはいるが、合理性も無く被爆者の求めるものには程遠い。日本政府の生き残った被爆者への人道的配慮の欠如は、79年経っても変わらず、被爆者がすべて消え去るまでその苦痛は継続する。

（参考）原爆症認定基準（原爆被爆者健康手帳申請条件）

一号　直接被爆者　原爆が投下された際、広島市・長崎市および政令で定められた隣接するなどの一部町村に在った人。

（原爆症認定基準では約３・５㎞以内が原則）

二号　入市被爆者　原爆が投下されたときから起算して、２週間以内に、政令で定める区域内に立ち入った人。

（約１００時間以内に同約２㎞以内に入市）

三号　死体の処理及び救護にあたった者等放射能の影響を受けるような事情の下にあった人。

（被爆者の死体処理や救護にあたり、放射線に触れた医師や看護婦等）

四号　胎内被爆者（被爆時被爆者の胎内に居た者）

TSUNAMI

「オセアニック号」(約四万トン)

五　世界の核意識の変化

わたしは２００９年に「ヒバクシャ地球一周　証言の航海」１０８日の旅に10名の被爆者と共に参加した。

20ヵ国の各寄港地で、被爆証言と交流をするのである。

横浜港大桟橋国際客船ターミナルを出航した。

島々を眺めながら台湾沖に至る。

遺骨を太平洋に撒けという父の遺言を果たすため、船尾で被爆者仲間にも参加してもらって鎮魂のお祈りをした。

墓の周りの土を持参し、ビール・酒とたばこを供えた。

その時なぜ父が太平洋に散骨を望んだのかに気づいた。父の船が台湾から引き返すとき、叔父たちや部下７名が早く帰国できると別れて汽船に乗り、アメリカの潜水艦に撃沈されたのである。

父が日本が敗戦したら割腹すると言ったのは、叔父や部下への謝罪か鎮魂の想いもあっただろう。

ベトナム、シンガポールを経てインド洋のど真ん中にあるセイシェル共和国のポートビクトリアに到着した。100の小島からなる島嶼国である。

20名以上の現地の参加者だが、何時間も船に乗って島々から集まってきた。

表現は悪いが、こんな世界の果てのような島で、被爆者との交流にこれだけの人が長時間かけて集まった。太平洋の島々での核実験と放射能被害が伝わり、強い関心と恐怖感を持っていることに驚いた。

太平洋やアフリカの砂漠、大陸の各地で2000発を超える核実験が行われ、核被害に無知な原住民や実験に携わった兵士などが被爆していた。

太平洋の真ん中のタヒチ周辺の島々でも、米軍のビキニ環礁をはじめフランスなどが数百回も核実験を実施し、その恐怖感が世界中に伝播していた。

原爆被害は秘匿されていたが、世界中での核実験と放射能被害はひろく浸透し、「核兵器禁止条約」は2017年には世界193ヵ国中122ヵ国もの賛同を得て批准されたのである。

#Yes ICAN

「ヒバクシャ地球一周　証言の航海」で

この旅行で驚いたことは、日本が世界に貢献する橋などのモニュメントを、世界各地に遺していることである。スエズ運河の浚渫工事やイースター島のモアイ像修復もそうだ。スペイン・カナリア諸島テルデ市には「ヒロシマ・ナガサキ広場」があり、「日本国憲法九条」を刻んだ碑がある。ルーズベルト大統領は、日露戦争を勝利に導いた恩人であり、そのお礼として尾崎東京市長がサクラを贈った（ワシントン・ポトマック河畔の桜）。日本に対する世界からの高い信頼感や知名度は、長年の先人たちの努力の結晶であることを忘れてはならない。

余談になるが、この船旅のキューバ・ハバナ市での国際交流会議で、わたしは被爆者の代表スピーチをした。

カストロ元議長が２００３年に広島を訪れた際のスピーチを紹介した。

「人類はあらゆる経験をしてきました。キューバは核兵器の雨に晒される危険にさえ直面しました。それは広島が爆撃されてから17年経った時のことでした。我々は地球上から消滅してしまうのではないかと思った瞬間もありました。（中略）広島では完全に現実のものとなり、我国ではほぼ現実のものとなりつつあった危険というものにたいする思いをあなた方と分かち合うためです。私達の場合には、幸いにも何も起こらずに済みました。絶対に、絶対に人類はあなた方が体験したような経験を繰り返すことがあってはなりません」

このカストロ元議長の連帯の気持ちの表明を話すと、多くの方が共鳴された。

革命の英雄チェ・ゲバラの娘アレイダさん、ゲバラと共に戦った革命の功労者オマール・ジェルナンドさんからも賛意をいただいた。

このスピーチの効果だろうか、つぎに寄港した時カストロ元議長から700人の乗船者が宮殿に招待されたと聞いた。

2017年にICANがノーベル平和賞を受賞したが、ICANの国際貢献の記事のトップはカストロ元議長である。

キューバ危機とは、1962年10月、当時のソ連がキューバに攻撃用のミサイルを設置したため生じた事件である。米ソ両国が対決寸前にまでいき、世界中を核戦争瀬戸際の恐

J.F.ケネディ

怖に陥れた。ケネディ大統領はミサイル搬入を阻止するためキューバに海上封鎖を通知、ソ連がただちにキューバのミサイルの撤去をするよう要求した。アメリカによるキューバの海上封鎖が開始され、米ソは衝突寸前までいった。

ソ連がミサイルを撤去することに同意したため、この危機は回避された。

六　ウクライナショックとは

東西冷戦の時代を経てソ連邦の崩壊、そしてNATOとの対立と緊迫の状況が続き、「新東西冷戦時代」と呼ばれる事態になっていた。

2017年12月、わたしはICANがノーベル平和賞を受賞した際ノルウェー・オスロを訪れたが、現地ではロシアの圧力により緊迫した空気があり、政治に対する関心も強く、スウェーデンの徴兵制実施が話題になっていた。

ヨーロッパでは古来領土や資源などの争奪戦が激しく、国家や民族間の憎悪や危機感は日本人には理解し難いものがある。

2022年2月24日突如ロシアのウクライナ侵攻が始まった。

プーチン大統領というたった一人の人間が世界中を震撼させている。

(1) 喪失した戦争の倫理

米軍は今回のロシアの侵攻一週間前には、ロシア軍の国境集結を衛星写真などで把握していた。侵攻したロシア軍に対し、ウクライナ軍はドローンでロシア軍戦車を把握し攻撃した。

ロシアは数日でウクライナを制圧できると予想していた形跡がある。

かつてはソ連邦という同国であり、兄弟国であるウクライナに侵攻した。老人や女性、子供まで市民への血も涙もない無差別攻撃や略奪・暴行・殺りくやレイプの限りをつくした。ウクライナ人は衝撃を受け徹底抗戦を決意した。

ロシアがマリやチェチェンの傭兵とかワグネルという民間軍事会社を採用することにより、血も涙も無い残虐で非道な行為は拡大した。

当初ロシア軍の戦死者の大半は犯罪を犯した囚人出身兵士であり、地方出身の少数民族だった。ロシア軍は自国の戦死者の屍も戦場に放置していたという。

ロシア人の民族性や国家の問題というよりも、陰湿で非情なプーチン大統領の独断と専制と見られ、プーチンの戦争とも言われている。

世界の各国は、人道に反する残虐行為は第二次世界大戦でピリオドを打つべく、以来八十年近く国際的な努力を重ねてきた。

国連などを通して「核兵器廃絶」や国際人道法などの意識を高めてきた。

その努力は一瞬にして崩れ去ってしまった。

戦争の倫理観は完全に崩壊した。

ウクライナは、領土を侵略され民族の尊厳を冒され、国家の存続のためには妥協は許されない。生命を賭けた国民の国防意識は高い。

ウクライナが少しでも抵抗したことによって、他国が支援した。

抵抗が無ければ支援も無いし、数日で占領され終わったであろう。

核が無くても、最低限度の防衛力が必要だという証明だ。

ウクライナで、無抵抗主義は妄想か幻想として通用しない実例を見たとき、日本の国防をどう考えるか、日本も憲法の見直しからは逃げられないだろう。

ロシア、ウクライナの戦後の再建には莫大な時間と金がかかる。

非道なプーチンに対する憎悪と怨念は末永く続くだろうし、プーチン家の先々も思いやられる。ロシア国家や国民に対しても、多くの国からのしこりは長く続きそうだ。

(2) 食糧とエネルギー資源

熾烈な戦争は、農業国であるウクライナのたわわに実った麦畑に火を付け、穀物輸出港である港湾を破壊し、倉庫にある穀物を略奪した。

海上輸出ルートを封鎖し、世界の食糧供給体制を破壊した。

ウクライナは穀物輸出大国であり、世界の小麦の9%を産出していた。ウクライナは主としてアフリカに輸出しており、これに依存してきた国々では飢餓に苦しんでいる。

ロシアは世界の小麦の21%と生産大国である。

世界の人口は80億に達する中で、食糧価格は高騰の一方である。

やっと国連やトルコの介入によって、ウクライナの穀物輸出が再開されつつあったがふたたび停止され、現状では見通しが立たない。

世界のエネルギー資源についても、ロシアは石油・液化天然ガス（LNG）を産出し、欧州各国や日本が大きく依存していた。

その供給削減は、世界の物価騰貴とインフレの主因になっている。

ウラン鉱石の産出量も多く、その精製技術も世界で先行している。

ロシアは世界の多くの国を敵とし経済制裁を受けているが、世界の経済構造を破壊し、人類を飢餓と混迷の道に追い込んでいる。

世界の各国は、食糧やエネルギー調達の見直しが求められた。

エネルギー資源不足の対応策として原子力発電が見直されている。

特に人口増の激しいアフリカに、ロシアや中国は経済支援や原発輸出を推進し、将来への足掛かりを進めている。

2011年に起こった日本の東電福島第一原発事故によって、ドイツはやっと原発を廃止した。しかし電気料金高騰に原発再開の意見も根強いとも聞く。

日本も東電福島事故以前は、54基と電力需要の30%を原発に依存していたが、10%以下(稼働4基)まで落ち、現在は9基だが不安定な状況である。

日本国内での原発再開には根強い抵抗がある。

岸田首相が昨年原発9基の稼働を発表した。応急対応であろうが、最大の安全性を確保しての原発は避けて通れない状況だ。

さらに、中国・台湾紛争の危機は、中東の石油に90%以上依存する日本にとって海上輸送が致命的な問題となる。

(3) 戦争の形態と無人兵器

兵器が進歩し、戦争の形態が変わった。

ドローン兵器を偵察などに有効に使い、攻撃の目標を定めて砲撃する。的中率は抜群である。多様な機能のドローンは安価で製造できる。

ミサイルは遠距離から発射し、衛星で定めた目標を破壊する。

ロシア軍はウクライナの衛星通信機器を破壊した。

しかし米国の民間のSNSは、2000基以上も保有する衛星からの写真を提供し、ミサイル発射の手助けをした。

戦争の主力は兵士を損耗しない無人兵器の戦いと、一方では人的損耗の大きい塹壕戦となった。

ただ、ロシア領に進攻できないウクライナに対し、ロシアはウクライナ領内の住宅や学校、病院などあらゆる施設を破壊し、住民を虐殺している。

大国の横暴に対し、世界の数多くの国が支援している形だ。


ウクライナ戦争は多くの教訓をのこした。

世界各国の経済的利害や利権が錯綜し、今後の協力体制の構築がますます困難であることを露呈した。

（補足）戦略核兵器の種類

○ＩＣＢＭ（Intercontinental Ballistic Missile）

大陸間弾道ミサイル……飛行距離、５５００㎞以上。核弾頭を搭載したミサイルである。

戦術核兵器……戦術核兵器は弾道ミサイルと表現され、核弾頭の搭載は不明である。開発の重点は、潜水艦やステルス航空機などの運搬手段と組み合わせた弾道ミサイルに移行している。

○ＩＲＢＭ（Intermadiate-range Ballistic Missile）

中距離弾道ミサイル……中距離戦術核　２０００〜６０００㎞

○ＳＲＢＭ（Short-range Ballistic Missile）

短距離弾道ミサイル……小型戦術核　５００〜７００㎞

中・短距離弾道ミサイルは「極超音速飛翔体」というマッハ５以上の速度で、飛行コースも可変されるため、迎撃も困難である。

○ALBM（Air-lunched Ballistic Missile）
空中発射弾道ミサイル……航空機に搭載されて運搬されるミサイル

○SLBM（Submarine-launched Curuise Missile）
潜水艦発射弾道ミサイル……中・短距離弾道ミサイルやドローン兵器などの運搬手段。

○SLCM（Surface ship Launched Cruise Missile）……海洋発射巡航ミサイル

(4) グレーゾーン戦争

グレーゾーン戦争とは、非軍事的手段での戦争である。

軍事的戦争以外に、デマの拡散や種々の情報戦でサイバー攻撃を行い、相手に打撃を与える。兵器を使わない戦争である。今後グレーゾーン戦争の分野が拡大していくという。

技術や情報を盗み、相手に経済的打撃を与える。

国家機能の崩壊を目指すため、戦争の導火線となることもある。

AIによるサイバー攻撃は、相手の把握が困難なことである。

難しいのは、テロ集団だけでなく様々な目的をもつ正体不明のグループ（非国家主体という）が、国際的に活動していることだ。

ＳＮＳやフェークニュースで、相手国の世論やマスコミに介入し、摩擦を起こし戦争発端の契機となり得る。

ＡＩ兵器の使用責任も問題になっている。ＡＩ兵器規制の国際会議では次の合意をしている。

１　ＡＩ攻撃の決定は人間が行う。
２　国際人道法を守る。

機械の責任にはできない。しかし、これらの国際的合意や遵守は期待できるだろうか。

ロシアのウクライナ侵攻は世界の体制を変えつつある。

「新東西の冷戦」と言われる東西の対立から、エネルギー資源や食糧などの供給につながる新しい対立の構図である。中ロは、米欧に対抗する「新上海協力機構」とかＢＲＩＣＳを軸に連合を組みつつある。

今後最も人口増が予想され発展著しいアフリカ諸国を巻き込む施策も進められている。

この新興国連合はエネルギー・食糧・ウラン鉱石など多くの資源を保有しており、地球上の新しい秩序の形成を必要とすることになる。

さらに、パレスチナ・ハマスによるイスラエル攻撃に始まった紛争は、中東のみならず世界に波及し、これまでの東西対立という構図は変わり、新興国を含めた対立の構図となる。

七　核兵器使用は防げるか

核兵器の使用が懸念されている。

戦略核ＩＣＢＭ大陸間弾道ミサイルの破壊力は、地球の壊滅を来す規模のものでもあり、ウクライナ戦争では使用の可能性は低いものとしてここではこの議論は除外してもよいだろう。

戦術核兵器として使用される可能性があるのは、中距離と短距離弾道ミサイルである。これらのミサイルが核弾頭を搭載しているかどうか判別する確実な技術はまだ無い。かりに核弾頭搭載ミサイルを日本上空で迎撃した場合、核爆発を起こす。

従ってミサイルの迎撃は困難で、発射前に発射基地攻撃をするしか防御策はない。

核兵器を使用する意思での行動か、敵への不信感か疑惑から敵地攻撃という先制攻撃にいたるのか、いずれにしても核攻撃にはそれなりの報復があることを考えると、核兵器の使用は自滅の道でもある。

核ミサイルについても、偶発的使用の可能性も高い。

人間の理性や判断ミス・操作ミスもあって、過去には核兵器の発射ボタンを押した実例もある。

結果に責任が持てないＡＩ兵器使用も、核戦争への道につながる。

過去の原発事故も、すべて事故防止への努力の怠慢と、人間の設計・操作ミスによるものといって過言ではないだろう。

小型戦術核といっても、威力は広島型の数倍あるという。さらにこれが原子力発電所攻撃に使用されたら、破壊力は倍加する。

核兵器の存在が人類を脅かしているのである。

どうやって地球上から核兵器を無くすかの方策を考えるしかない。

迎撃するパトリオットミサイルでは飛行距離が短く、国土防衛は困難であるということで、日本は敵の発射基地攻撃が可能なイージスアショア・ＰＡＣ３に変更したが、これは重要な政策転換である。

戦争をしない、防衛だけの武装という従来の専守防衛方針を逸脱したことになる。事実上平和憲法は空文化したことになる。

やはり国民の総意を問い、国民が決断すべき問題であろう。

八　日本の役割と責任

世界中が、「核兵器廃絶」の重要性を認識しなければならない。日本も世界で唯一の被爆国として、日本国内でそして世界に周知させる責任がある。まず日本国内での「核兵器廃絶」への関心を高めることである。被爆者の平均年齢は85歳を超し、体験を語れる人は少ない。それさえももう限界である。わたしは一昨年も中学校の平和学習で話した。昨年秋にも実施した。喜んでもらえたがその年度限りである。

視覚に訴える絵本とか漫画にして、学校や図書館にも備え付けるべきだと考える。毎年の新入学生に被爆体験がいつでも見られる資料として残せ、教育が定着して効果が出る。日本政府は世界に「核兵器廃絶」をどう発信すべきか、具体的な行動が求められている。広く、持続性や継続性を考えるならば、英文などで視覚に訴える絵本とし、世界中の学校や図書館に配布すべきである。

効果とコストを考えるとベストの提案であろう。

原爆は大量殺りく兵器である。無惨に亡くなった人々の冥福を祈りたいし、原爆資料館などを通して広く世界に後世まで遺されるべきである。

問題は生き残って死ぬまで原爆後遺症に悩む人々のことだ。だから原爆の使用は許されない。

放射能の人体への影響、解明は遅れ被爆者救済も遅れた。そして放置・無視されてきた。広島・長崎では、残留放射能で汚染された土地で人々は生き続けた。

残留放射能の影響を受けた人も居るだろう。

しかし国が残留放射能の影響を認めているのは、被爆地点が爆心地より約３・５㎞以内の者であるとか、２㎞以内の地点に一週間程度以上滞在した者、放射線起因性が推認される悪性腫瘍や白血病を発症した者などである。

東京電力福島事故では、居住禁止地区の住民は11年もたってやっと帰還が許されている。「福島の避難基準の年間被爆線量20ミリシーベルト以下は、チェルノブイリより四倍も高い。福島の基準が世界のモデルにならないか危惧している」と言われている。この避難基準のために福島では何万人もの避難不要な犠牲者が出ている可能性がある。遅まきながらでも、誰かが見直しをすべき問題だ。

福島の汚染土壌の除去についても、除染基準を1ミリシーベルトに設定し、何十兆円も無駄遣いをしたことなど、関係する政治家・役人・学者などの無責任な態度、誰も信じられない。

「放射能は怖い」というだけで、過度に除染基準を設定するのも許されない。

反面、1ミリシーベルトの地区でも子供が死んでいるという風評が語られているのを聞いて驚いた。

放射能は怖いというだけで判断する大衆も多い。

基準の妥当性チェックとか、科学的信頼性が必要であり、基準設定者の責任を明確にする必要がある。

世界は日本の設定基準や取り組む姿勢を見ている。

九　地域共同防衛体制の推進

核兵器の使用は、悲惨で甚大な被害を及ぼす。使用を決断した人間の名は、悪名として末代まで世界史に残る。

それでも、ひと様々というように狂気の人間もいる。核兵器が使用されることはあり得ないとは考えられない。

核兵器の使用を防ぐには、より多くの国と共同防衛体制を組み圧力をかけること。核には核の報復があることを認識させる以外にはないであろう。

核兵器の特色は、閃光・衝撃波、熱風と放射能による被害であり、最悪の殺人兵器であって、都市や設備などの破壊にはその効果やコストを考えると問題がある。

80年近く前に広島・長崎で使用された原爆が、今の広島・長崎で再び使われたとしたら、閃光・衝撃波・熱風などは鉄筋コンクリートの建物によってさえぎられ、人的被害は大幅に縮小するであろう。しかし原爆そのものの威力は増している。

ＩＣＢＭという戦略核でも中・短距離核でも、絶対に使用されてはならない。誤発射やサイバー攻撃、テロによる危険性もあり得る。保有することが使用される危険性をはらむ。

正体不明の非国家主体というグループも国際的に活動している。サイバー攻撃、グレーゾーン戦争、宇宙空間での衛星機器破壊や宇宙での利権争いもある。

今後の地球人口増もあり、水・食糧・エネルギーなど宇宙への依存度は増していき、宇宙での争奪戦争の時代となる。

人類に平和な世界を期待できるのだろうか。

十　核兵器禁止条約の推進

核兵器禁止に関する条約を締結しても守らない。国連も常任理事国が拒否権を行使すれば機能停止になる。国連はその存在意義さえ問題にされる。

しかし難航していた「核兵器禁止条約」は、２０１７年国連本部の条約交渉会議で採択された。国連総会で１９３ヵ国中１２２ヵ国もの賛同を得て採択された。

評価したいのは、少数の大国のさまざまな障害や圧力の中で、多数の国が支持したことである。

日本が「核兵器禁止条約」を批准しないことを、国内外から指摘されている。

当然のことである。批准しないで核兵器廃止を唱え主導することはできない。

日本が核の傘の下にいることには歴史的経過もある。核の傘の下にいることと、世界で唯一の被爆国として核兵器禁止を唱えることは矛盾するものではない。

この点は堂々とアメリカに主張すべきである。

核の傘から脱したら核保有国になるというのも早計である。核保有は絶対に許されない。国論をまとめ、総力を挙げて国策を推進すべきである。

国連の無力化によって、国連不要論も出るが、国連にしかできないこともある。

現在の国連の機能や組織の見直しも必要であるが、日本はぜひ常任理事国になることが望ましい。

日本は唯一の被爆国として、国際社会でオピニオンリーダーとして、リーダーシップを発揮しなければならない。

今後は多数国の結束力がますます高まっていくことを期待したい。

「核なき世界」を目指すためには、その意義を世界に発信しなければ意味はない。

そのためには日本政府の努力と被爆者による努力が必要であるが、先の無い被爆者の役割についてはどう継承していくかが問題なのである。

一つは資料の完備である。国際的に運動を広めていくには、絵本やＣＤなど視覚に訴える物が必要である。

また英語の会話力、英語による海外発信も大事だ。

２０１７年にＩＣＡＮがノーベル平和賞を受賞したとき、サーロー節子さんが流暢な英語でスピーチをした。

サーロー節子さんは、関西学院大学から名誉博士学位記・関西学院賞を贈呈された。彼女の夫は関西学院中学部で英語教師をし、大学神学部で宣教師を務めていた時代に関西学院宣教師館に住んでおられた。


日本被団協は、何年もノーベル平和賞候補といわれながら受賞できなかった。今後も国際的に活動するには、やはり外務省の協力も必要だと思う。年老いた被爆者に語学力を求めるのは無理であり、通訳も専門用語がありなかなか難しい。

都道府県の被爆者団体も、すでに10以上解散しているようだ。しかし中にはまだ活動できる被爆者はいる。今後は全国的に県だけの組織ではなく、個人を団体につなぎ止める発想が必要になる。

２０２２年度末での被爆者手帳保持者は、11万３０００人あまりである。この中でなんとか被爆者活動を続け「語り継ぎ」ができる人は限られている。これらの人たちを戦力化することの意味は大きい。新たな提言をしたいと考えている。

アメリカにも被爆者はかなりいるが、被爆者活動を進めるのが難しい理由の一つに、アメリカ在住の被爆者が、被爆者であることを表明すると、保険が降りなくなると聞いた。いろいろと想像できない障壁はあるものだ。

十一　平和学習のあり方

中学2年生で修学旅行に広島に行く人は多い。その事前学習をするので被爆体験を話してもらいたいという。

コロナ発生の年はオンラインで話した。

一つの教室で話して、他のクラスは画像を写す。やはり対面で話さないと画像では聞く方も迫力に欠け効果が薄れる。

やはり人と人が触れ合うことによって気持ちも伝わり、人の成長もあるものだ。企業でもオンラインでの業務では人は育たない。

一昨年は中学校4校で520人に話した。それぞれ体育館で全員一堂である。

一昨年、先生から講話をビデオカメラで撮影しても良いかと聞かれた。理由は、「不登校生が多く、ビデオで見せたい」という。驚いた。不登校・ひきこもり、予想以上に事態は悪化しているようだ。これも最近増えている根深い問題である。

有名大学志向をあおるTV、どのチャンネルも朝から若手芸人？　ばかりである。彼らも番組制作コスト低減の犠牲者だろう。

このTV報道もショックだった。小学生の発言である。

「生活保護が受けられる大人になりたい」

有名大学を目指す知識教育の落ちこぼれ、引きこもりも増えているという。

教育の問題というと口をつぐむ先生方も多い。

日本はどうなっている、これでいいのかと危惧する人が多いのに驚く。

長く平和が続き体制が固定化すると、弊害も多くなり本音がしゃべれない社会になる。

よく見るとわたしのように、世にしがらみ無くなんでもしゃべれる人間は少ない。特に核問題などは、よほどの専門家か被爆者でなければ集中砲火を浴びる風潮がある。

わたしは世評もSNSも無縁である。わたしが人生を賭した企業は、企業の国際競争力の強化という政府の名目によって、財閥系大企業に吸収され消滅した。

年の甲という言葉もあるが、年長者として世に警鐘を鳴らすべき責任を感じるとしたら、わたしの思い上がりだろうか。

ただ人間性を誤解されるのだけは避けたいと思っている。

わたしが「平和学習」で心掛けていることは、映像を使って視覚に訴え、脳裏にきざむよう話すこと。時代背景を知ってもらうことと、未来を予測してもらう。

世界は大きく変貌している。新興国の発展は目覚ましい。国際情勢を知り、国際的視点での発想が求められている。いつまでも平和な島国ではいられなくなったことを学んでもらう。

逆に学生から学ぶことも多い。

問題は、学生間の人間関係にインターネットが介在していることである。

不登校とかいじめの原因が、下校後の長時間にわたるネット通話にあることが多いように思える。仲間の噂やいじめなどタブーである他人の話ばかりである。使用を注意すべき母親がまたネット通話漬けである。

受信拒否が難しく、いじめの原因になったり、深夜まで拘束される状況もあるようだ。

小学校では部活中止、やがて中学校でも部活を地域に移行するということを検討中だ。教師の労働時間や教員不足が原因で、学校が担うことが難しくなっていることが要因のようだ。伸び盛の子どもの成長にどう影響するだろうか。

学校の校庭が使用できなければ、ボール投げできる公園も無い現状である。

外部移行の体制づくりには時間もかかるし、問題の取組みを簡単に考えすぎているように思う。


そして話の最後に、人生の先輩として一言話す。

学校で何があっても、人生の一時期の通過点であること。将来を考えよう。

引きこもりや非正規雇用が増えた社会で、将来の目標設定が大事だと話すこともある。

過保護に育てられた学生が、社会に出るときに環境順応性や耐性があるかが一番心配だ。

学生時代の友は生涯の友、友人を多く作ろうと話した。

ある学校の生徒感想文では、30％近くが「これから友人を多く作るよう努力します」との回答があったのに驚いた。

明るい顔で、人に好かれるように、良い友達をつくるようにと。

そんな一言が先生方からも喜ばれる。

学習の最期に女子学生が早速、

「今日から、いつもにこにこ明るい顔でいます」

と言ってくれた。うれしかった。

わたしは何回も子会社の企業経営を委託された。雇われ社長ではあるが失敗すれば後はないのは同じで必死だった。

まさにタイトロープ人生だった。

世の激動に対応して企業を守り社員の生活を守らねばならない。銀行に融資を断られる屈辱も味わった。

新入社員の教育も大事だ。社員の能力を引き出すのが経営者、長所を発揮させることである。弱小企業では社員全員の戦力化が必要であり、社員の能力の良いとこ取りが必要なのである。出身大学名よりも本人の能力とやる意欲を評価する。

知識教育に専念する教育者よりも、わたしは実社会で生き抜く活力と人間関係の養成を重視する。

「たくましく育てよう」というTVのCMが昔あったが、その言葉が好きだ。

教育とは、学生が社会に巣立ったときにスムースに受け入れられ、成長していけるためのものである。優しさが仇になることもある。

昨年も「平和学習」の依頼がきた。

熊本の中学校2年生は秋に修学旅行で広島へ行くため、10〜11月「平和学習」の依頼が来る。7校で約1100名だった。全員の感想文を読むのは楽しみであるし、学生たちの意識もわかり学ぶことも多くある。

お役に立てる時間は残り少ない。

早く誰でもが語り継ぎができるよう、視覚に訴えた戦争と時代背景の説明と資料化を目指したい。

十二　学生と先生からの感想文

学生相手の平和学習は難しい。空襲とか特攻とか当時の言葉の説明をしていたら、50分の時間が無くなる。

どの程度の理解力があるかの見極めも必要である。

あらかじめＤＶＤ「これは雲ではない」を見せ、拙著『核兵器・宇宙空間　岐路に立つ日本』を読んでもらうようにしている。

毎年学習を続けているが、ウクライナ戦争以後は学生の真剣みや緊迫感も増したように感じる。

学校関係の感想文は、先生方の意識が伝わり、学級通信を見ても学生の問題意識や理解度の向上がうかがえ有益だ。すばらしい感想文が多かった。

より広い視野で、先見性を持ってもらいたいというわたしの意図は理解されていると思っている。

ここには一部前著で紹介した文もあるが、その後の展開との比較もあるので了解していただきたい。

わたしはこれまで2冊出版した。地方で出版したこともあって宣伝もしていない。売れると思わないから400冊くらいずつは各界や友人・知人へ贈呈した。何十通もの感想文をいただいた。特に2冊目は、多かった。

『世界的視点での「脱原発論」　日本のとるべき道』（2014年）

『核兵器・宇宙戦争　岐路に立つ日本』（2020年）

孫に読ませたい、知人に贈りたいなど、追加注文も多かった。

多くの友人・知人から沢山の感想文を頂戴した。

日本の現状を危惧している方が多い。あまりにも問題点が多すぎる。安定した時代が永続するとこんなにひずみが出るのかと思う。

平和学習をした後、全学生の感想文が送られてくる。はげみになる。

戦前・戦中教育をうけ、戦争体験のある方の貴重な感想文の一部も紹介したい。

原文抜粋（みな2年生です）

S中学　2019年12月　165名

学生（学級通信から）

A君　印象に残ったことは、降伏があと10日早ければ原爆も落とされずに済んだし、たくさんの人が死なずに済んだという話です。疑問に思うのが、どうして戦争が起こったのか、そもそもの原因が何なのかをもっと詳しく知りたいと思いました。たとえそれが小さいことでも大きいことでも、戦争の他に解決策は無かったのかと考えさせられました。（中略）それに、もし自分がこの時代に生まれていたらどれだけ苦しい思いをしたのだろうかと思います。僕たちが、平和の尊さを世界に発信していけたらなあと思います。

Bさん　私は、今たった一つのボタンを押すだけで戦争が始まり、何万人もの人々が死んでしまう世の中になったことがとても悲しいです。技術の進歩は人間に役立つ反面、簡単にたくさんの命を奪う兵器にもなると思いました。

これから私たちは技術の進歩と向き合い、その使い道を正しい方向に向かわせなければなりません。
技術は人々を救うものであり、決して命を奪うためにできたものではないと思っていま
す。
現在、ミサイルを持つことで戦争が起こらないという考え方がありますが、この世界から
ミサイルが無くなることが被爆者の本当に思う平和に繋がると思います。私は核やミサイルを持つことで平和を保つことは、私はいやです。（中略）
私は過去から学びこれから先の平和を創っていくことが平和学習だと思いました。
現在被爆し実際に平和活動を出来る方は3割ほどしかいらっしゃらないと聞き、もう今回の機会が最後になるのかもしれないと思いました。被爆された方々の話を私たちが後世に伝えていかなければならないと思いました。
これから宇宙戦争が起きるかもしれない時代になりました。人間は戦争をしなければ「平和」や「後悔」について考えないのか。人間は戦争以外の方法で解決しようとしないのか。戦争をして得られるものは何もないと思います。これから先の平和を創り上げていくために、修学旅行で戦争について考えたいです。とても貴重なお話しを聞くことができ、とてもよかったです。

Cさん　私が一番印象に残ったのは、宇宙で無人で戦争が起きるかもしれないということです。私が知っている戦争は人が人を殺し合うような鉄砲のような武器でするものだけど、近い未来にある「無人戦争」は人が直接手を下さなくても戦争ができるかもしれないということでした。しかし、やはり人が作ったものなので、戦争をすることや核を持つことは平和な世界にするためにはいらないと思いました。

長曽我部さんが死体のにおいや見た目のことを話されていて、実際に見ていないのに聞くだけでとても苦しくなるようなお話しでした。

「熊本は安全」とか「今の日本は戦争を絶対にしない」と言っていても、いつ他国が爆弾を撃ってくるかわからないと思うと戦争は怖いと思いました。

今北朝鮮がミサイルを飛ばしたり、韓国とも少し仲が悪いように見えたりしているので、他国の人とも戦争について考えないといけないと思います。（中略）

誰かが平和を創るのではなく、自分でも出来ることを小さなことでもすることが世界を平和にしていくと思いました。地震のときでも同じだったように、人が人を助け合うような世の中が平和だと思います。

広島で被爆された方の話を聞くのは初めてだったので、とても心に残ることがたくさんあり貴重な経験をできました。この話を忘れないように、広島に行ったとき原爆の被害に遭われた方々の気持ちに寄り添って勉強できたらいいなと思いました。

D君　平和学習ではあまり触れてこなかった世界情勢や時事的な問題について学びを深めることができたと思います。ボタン一つで世界が変わってしまう可能性があるほど、科学や技術は進歩し、「宇宙戦争」というものまで考えられる世の中になってきました。

私たちはまだ中学生なのでＡＩなどの人工知能や核兵器の仕組み、世界の国々についてそう詳しくはわかりません。でも、この平和学習から、戦争というものがどれだけ悲惨で愚かなものだったのかは知っています。

原爆が落とされたのは、長崎と広島だけ。現地に向かい、学校の活動として原爆を学べるのは日本に住む私たちだけです。平和について深く学ぶことも出来ます。だからこそ、私たちがナガサキ・ヒロシマを語り継ぎ、世界に発信し、みんなが平和を感じる世の中にしていかなければなりません。そのことを胸に、ヒロシマにいきたいと思いました。

長曽我部さんは原爆でお父さんを失われておられます。お父さんを探すとき、金歯と時計で父だということを確信したとおっしゃっておられました。

そうなってしまうほど強力な原子爆弾がとても恐ろしいと思ったし、他人の家族のことでも怒りに似た感情も覚えました。こんな悲惨な出来事をもう二度と起こしてはいけないし、起きることがないようにしなければなりません。世界を変えることが出来るのは私たち人間だけです。


Eさん　お父さんをなくしたという体験や、父を探しに行った時の死体が焼けるにおいなど思い出したくないことを話されたとき、心が痛みました。

「死んでいるかもしれない父親を捜しに行く」という行動は自分の父親だと想像すると苦痛でした。死んでいる父親とは会いたくないけれど、戦争中は死んでいても見つけ出せたら幸せだったという戦争の恐ろしい現実を感じました。

先生は淡々と話されていましたが、これから起こりうる戦争やＡＩが暴れだし戦争が起こるかもということや、ボタン一つで戦争が始まる現代など恐ろしい現実を聞き、心臓が止まるくらい驚くような世界の状況を知ることができました。

Fさん　話を聞いて思ったことは二つあります。

一つ目は知らなかったことがたくさんあったことです。私は救護していた方や遺体を焼いた方も被爆することを知りませんでした。多くの人々を救いたいと思って懸命に働いた方々が逆に被爆してしまうのは、とても悲しいことだと思いました。

また、被爆したことに対して、淡々と話しておられましたが、長い年月の中でお父さんを亡くしたり、ご自身に対して悩んだり苦しんだりしたこともあったのかと思うと、胸がしめつけられました。

二つ目は過去のことではなく、未来について話されていたことです。きっとそれは長曽我部さんの願いからだと思います。

私たちは平和学習しながら、どこか、過去のことだと思っているのかもしれません。自分たちには関係ない、自分たちは違う、でもそれは私たちがぼんやりしているだけで、世界は戦争へと進んでいってます。日本はこれから、私たちの世代に託されています。原爆の被害にあわれた方々の気持ちを忘れず、広島で多くのことを学びたいです。

G君　今日のお話しは、ただ戦争の恐ろしさを伝えるのではなく、自分たちが生きる令和の時代の戦争、その背景のお話しだった。

はじめに戦争を知るには背景を知る必要があるとおっしゃっていたが、戦争のみならず、どの分野に関してもそうだと思う。背景を知ることで初めて、正しい道を選べるのだと思う。

今の国際関係の話もその一つとしてあったが、「過去の歴史にとらわれて仲良くしない」というより「歴史を認めたうえで仲良くしていくべきだ」という趣旨なんだと思う。

技術が進化する中で、大量殺りく兵器がもっと増える時代だからこそ、自分たちが平和について考え、正しい選択をしていきたい。

H君　もし、この先、平和な世界が続かなかったら原爆が落ちた時代よりもっとひどいことが起こると思います。70年前にあの大きな爆弾があったのなら、今の時代では僕たちの想像をはるかに超えるものであると考えると、この先何が起きるのか想像がつきません。
核兵器を持たなければならないような状況に、今世界がなっているのなら、世界のルールを根っこから変えていかなければならないと思いました。それを実行するには、18歳から参加できる選挙にも必ず行かなければならないと思いました。自分で考えた大事な一票を、責任をもって託せる人に投票しようと思いました。広島で構成詩をし、資料館を見て、たくさん学んできたいと思います。

クラス担当の先生の感想　「機は熟した」〜今のみななら大丈夫〜

「機は熟した」とよく言うけれど、タイミングだけじゃなくて気持ちも熟してくれた感があって、先生は最高に嬉しい!!

これまで一緒に平和学習したり、構成詩に取り組んだり、学級でも戦争や平和について、事あるごとに話題にしてきた。でもどこかやっぱり「他人事」「過去のこと」の域を超え切らない感じを常に感じつつ、このままでは広島へ行ってもただなんとなく見て回って終わりそうな気がして。もっとみんなに心で感じてもらいたい!!

そう意気込んで沖縄出身の二人に作文まで書かせ、自分も広島に行き勉強し、掲示物つくり……

だけど先日はイマイチな構成詩で学級で怒りながらも、「俺は今まで何やってたんだ」と自分自身を情けなく思ったり。

だけど確信した。長曽我部さんの生の声、本気の想いが、「あと少し」の君たちをホンモノの心を感じる集団にしてくれた。長曽我部さんの話は少し難しかったけど、それを心で受け止め、これまでの学びを振り返りながら自分の生活や経験と重ねて感想を書いてくれている。

回収したしおりに書いてある4人以外の感想も見ながら、これなら大丈夫!! そう思えた。そしてこの日の翌日、ローマ教皇の訪日。まるで君たちが書いた感想を参考にしたんじゃないかと本当に思ってしまうくらい、その想いが重なったスピーチに、テレビの前で目頭が熱くなった。もう大丈夫。今の2-5なら、広島でしっかり学び、ヒロシマの心を感じることができる。そう確信している。「機は熟した」。

N中学　2020年11月　264名

Iさん　空しゅうが民間の方々をねらっていたというところが、印しょうに残りました。そして武器は殺すためではなく、ケガをさせて、戦力を落したということもおどろきました。ケガをしたら、その人を運ぶのに、2人いるから、殺したら、90人、ケガさせたら270人というところが戦争のみにくさを感じました。

「焼き場に立つ少年」という写真が被害を受けた人々の悲しさ強さを感じました。弟が亡くなって悲しいはずなのに、泣かずにまっすぐ立って前を向いていたので、すごく強いと思いました。これからは、絶対に戦争をしない平和な世界であってほしいと改めて思いました。

Oさん　長曽我部さんは武器について、殺すというよりけがをさせて戦力をおとさせ、原子爆弾は早朝通勤で人が多い時間をねらっておとしてきたとおっしゃっていました。アメリカ軍はできるだけ多くの人を負傷させるために細かく作戦を立てていたのだということを強く感じました。お話しを聞いていて、同じ人間にするような、できるようなことではないと心がいたみました。

長曽我部さんは1週間でも早くこうふくしていれば……とおっしゃっていました。原子爆弾を投下されたことはゆるせませんが、日本にできることもあったのではないかと思います。今回、沢山のお話しを聞くことができ、ほんとうによかったです。

N君　身近な人が原爆で死んでしまうという体験をされた方にお話しを聞くことが出きたのでとっても大切な時間になりました。武器を使う目的が自分が思っていた目的とは異なり驚きました。原爆でなくなる方は多くいてでも、その多くの人が異なるなくなり方をしていることにすごくしょうげきを受けました。

放射能の影響により原爆直後ではなく後々になってなくなる人もいていろいろ考えさせられました。

被爆者には4種類もあり赤ちゃんでも被爆者と呼んでしまうのはとてもかなしいし、ひどいと思いました。被爆後は、食べ物がなく苦しみ、がししていく人もいて戦争がどれだけひどいものかを痛感しました。

「被爆者が消えたら日本が発信する世界平和の火が消える」とおっしゃっていましたが、私自身もそう思いました。ですが実際に体験された方が生きていられるのには限りがあります。だからこそ私たちが今回の講話で学んだことを次の世代へ受けついでいくことが必要だと思います。

核が無い世界がおとずれるまで日本は平和に対しての思いは消してはいけないし、忘れてはいけないと思いました。

T先生　おかげ様で子ども達は平和のための学びを深め、日本、そして世界の平和について視野を広げ、心を高めることにつながったと思います。また私達職員の平和学習への意識・認識も高まりました。

K中学　2021年3月　190名

Gさん　今まで知らなかった戦争の実体を知る事ができて、より、戦争に対しての考えが深まりました。私は、1つの核だけで、20万人以上もの人が亡くなってしまったという所がすごく衝撃的でした。たった一瞬で、たくさんの尊い命が奪われ、大切な人を奪われてしまったということは、本当にあってはならないことだと思いました。

戦時中は、食糧不足で、そのせいで餓死してしまった人も多くいたということを初めて知り、とても心が痛くなりました。

「核拡散防止条約」は、まだ50ヵ国くらいしか結んでいないということを知り、日本は核を落とされて、核の恐ろしさを一番分かっていると思うから、条約を結ぶべきだと思いました。戦争や争いのない世界をつくっていくためにも、身の周りにある、小さな問題をなくしていこうと思いました。

今日学んだ知識を持って、今度の修学旅行に行き、考えを深め、戦争の恐ろしさをこれから伝えていこうと思いました。

Y君　（前略）そして現在も世界中で核兵器の製造を行っている国がいくつもあると聞いて、なぜ人々の不安と恐怖を造っているのだろうと不思議に思うし、広島・長崎の悲惨な状態を知っていて造っていることが本当に悲しいと思いました。これから広島のことについて学習してきますが、原爆の恐ろしさを知るだけで終わるのではなく、広島・長崎で学んだことを僕たちが語り継げるように頑張っていきたいと思います。

そして、今のネットの現状はかなりひどく多くの若者が亡くなっていくという現実が「日本の言葉の戦争」じゃないのかと思いました。この現状を打破するためには僕たちから動かなければいけないから、仲間を大切にしていきいじめをなくしていくことに尽力つくしていきます。

Iさん　核兵器の実態、当時の状況を学ぶことができました。

人間の素晴らしい頭脳を平和のために使うべきだと強く感じました。現在は平和のために使えていないと思います。だから私たちは、本当にこの開発はいいのかと考えていくことが求められていると思います。

また、私が当たり前のように学校に行き、食べ物があって、好きな服を買え、帰る家があることがどれほどありがたいことか分かりました。感謝しなければならないと思ったし、この生活を世界中の人々が楽しみ、より豊かにしていくことが必要だと思いました。そして、これらのことを成し遂げていくのがこれからの世の中をつくる私たちの使命だと思いました。

今日学んだことと感じたことを忘れずに生きていきます。そして現地へも行きもっと学んできたいと思います。正しく学び次の世代、その次の世代へと平和の尊さを伝えられる世の中になるようにみんなで協力して頑張っていきます。

A先生　お話しでは、戦争や原爆の悲惨さや被害の実態が、実際に体験され、ご覧になったことが、生の声として、届けられ、子どもたちの心に強くインパクトを与えてくださいました。また、過去のことだけでなく、未来にも目を向けられており、現在の核問題について、自分のこととして考えていくことが、自分たちの未来の生活につながっていくのだということを伝えていただきました。

学校では、広島市の平和宣言や、２０１６年のオバマ氏の広島訪問の際のメッセージやローマ教皇の言葉についても学習しておりました。

世界の国々が連帯して核兵器の削減に向けて、行動していくことの大切さを学んでいます。今回のお話しは、その学習した内容と、とてもリンクしており、更に子どもたちの考えを深めるものとなりました。

講話後の修学旅行で、平和資料館を訪問しましたが、大変関心を持って見学しておりました。おかげで、充実した平和学習を行うことができました。「岐路に立つ日本」を熟読し、今後の平和学習に生かしてまいりたいと思います。

T中学　2022年11月　120名（ウクライナ戦争勃発以後）

K君　今日、僕たちの平和講話に来てくださり、ありがとうございました。

この平和講話で僕が心に一番残ったお話しは、原爆は落ちた時だけではなく、その後の子どもにも影響するという事です。この言葉で原爆というものの恐ろしさが伝わってきました。

原爆が「悪魔の兵器」と呼ばれる意味もよく分かりました。長曽我部さんは、原爆経験をなさり、つらい記憶だと思います。でも、その経験を活かして、これから先の世代に語ることで戦争の恐ろしさ、辛さ、苦しさを伝え、戦争の事を知ってもらおうとすることは、とてもすごいなと思いました。

KAさん　今日の講話で一番分かったのは、私たちは見たことがなくてあまり身近なものと感じられなかった戦争は、現在ロシアとウクライナであっていて決して私たちには関係のないことだと思ってはいけないということです。

日本は日本国憲法で「二度と戦争はしない」とあるけど、例えば、北朝鮮の打ったミサイルが失敗して日本にもし落ちたら死者が出て大変なことになるなと思いました。今はお話しでもあったように若い被爆者でも77歳でこうやって講話をされる方も少なくなり、戦争に関心をもつ人たちが少なくて本当にこれから戦争の苦しみを伝えられていくのかなと思いました。戦争を知るという事は「二度と戦争はしない」と思うだけでなく、戦争に関心をもつことによってニュースを見て戦争を通して社会のいろんなことを知るきっかけにもなるんだと思いました。お忙しい中、私たちのために広島のことや現在の戦争を伝えて下さり、本当にありがとうございました。

Gさん　私は「きのこ雲や原子雲とよばれているものは、雲ではない。あれは家族が焼かれている煙だ」という言葉がとても心に残りました。

それに、今まで「戦争はどこか別の遠い国で起きているもの」という思いがあって、他人事のように感じていたけれど、この町も空襲を受けていたということを知って戦争はすごく自分の近くにあるんだなと思いました。

1番心に残ったのは、原爆は直接被爆した人だけでなくて、市内に入った人、母親のおなかの中にいた人など、いろいろな人に影響をおよぼすということです。これから同じことが起きないようにもっと世界が戦争に目をむけたいと思いました。

A先生　限られたお時間で数え切れないほど多くの教えを賜り、心からありがたく存じております。

長曽我部さんの講話は、「原爆は他の爆弾とは違う。」「放射能被害は何年も続く。」「目標を持って、たくましく生きていってほしい。」など、生徒たちの胸に響くお話しばかりでした。職員一同、心から感謝しております。生徒たちの質問にも一つ一つ丁寧にお答え

くださったことが大変ありがたく、生徒たちにも私たち職員にとって大切な時間となりました。（中略）

この平和講話を機に、今後ますます成長できるよう新たな気持ちで職員、生徒一同、一生懸命取り組んでまいりますので、引き続きご指導のほど、よろしくお願い申し上げます。

M中学　2022年11月　53名

H君　このたびはお忙しいなか、僕たちのためにたくさんのお話しをしてくださりありがとうございました。この機会で僕は戦争の恐ろしさや愚かさ、平和の尊さなども知ることができました。ロシアがウクライナを侵攻するまでは、僕はもう大きな戦争は起こらないだろうと思っていました。しかしこの現状で、改めて戦争は起こしてはならないと思いました。この講話でいろいろなことを感じました。誠にありがとうございました。

Nさん　講話をきいて、広島・長崎で原爆がおとされ、半数以上の人が行方が分かっていないことが分かり、おどろきました。原爆の話だけではなく、日本で起きた戦争やウクライナ侵攻についても、あまり理解できていなかったので、これからはちゃんとニュースを見ようと思いました。

M君　私は小6の時に長崎で実際に被爆者の方に話しを聞いて、核兵器がどんなにおそろしいのか恐怖を感じたけど、今回はミサイルやウクライナ侵攻が新たな問題として出てきていて、今までの世界平和への取り組みがくずされると聞いて、また恐怖を感じました。核兵器が使われるということは二度とあってはならないし、被爆国が伝えて、使う国をなくしていかないといけないということがあらためて分かりました。

H校長　講話を聴く生徒の様子を見ると、いつも以上に真剣で充実した表情を多く見受けることができました。この取組みの意義を確認することができた次第です。今後の修学旅行での学習に大いに役立つものと感じたところです。

生徒たちは、ご講話いただいた内容を今後の学校生活、そして、将来へ向かう自分自身の生き方として役立ててくれるものと確信しております。

元大学学長の書評

被爆者として、「核問題研究家」として、小中学校の子どもへの平和学習に深く関わる筆者の心の底からの訴えの著書である。

「長曽我部さんが過去のことでなく、未来について話されていたことです。きっとそれは長曽我部さんの願いだからだと思います」と書いた子どもは、著者の真意をストレートに理解し、自ら主体的に「ぼくたちはどうしたらいいのですか」と質問する。それに「国連中心と日本の主体性がポイントである」しか答えられない筆者の「無力感」こそ、遅々として進まない平和運動への憤りの現れなのです。それに比べて、私たちは著者と同様の「無力感」を覚えるほど、「岐路に立つ日本」を自覚できていますか。

2023年の平和学習の特色

ウクライナ戦争に続いてこの年は、イスラエルによるパレスチナ・ハマス攻撃が始まった。不安定な中東情勢、度重なる北朝鮮のミサイル発射、中国・台湾の緊張などで世界が緊迫している。

11月に7校（1100人）に平和学習を実施したが、生徒たちの緊迫した危機意識を感じた。

人間はなぜ戦争をやめられないのか、日本も最低限度の軍備は必要ではないかという意見も出てきた。

肉親を失った被爆者への優しい同情の気持ちも、平和を求める上で大切だ。

核廃絶運動の継承については、世界への発信には英語力が必要だと言うと、多くの生徒が心を入れ替えて英語を勉強しますとレポートしてくれた。

多くの生徒たちとふれあい、戦争や平和への関心と理解度を知る事は貴重だ。先生方からは、

「私たちが言えないことを言っていただきました」

と言われる。わたしが特別なことを言っているわけではない。

そこに教育の隙間を感じ、家庭やその環境での教育の重要性を感じる。

生徒たちは50分の講話を熱心に聞き、多くの質問が出た。

生徒の質問の一例を紹介する。

X中学　2023年11月　100名

感想文での質問（鋭い素晴らしい質問です）

Oさんの質問

1　原子爆弾の投下地。小倉や京都だったら？

答え　長崎の投下。小倉が第一候補でB29爆撃機は小倉に向かった。天候が悪いと、光による殺傷効果が低くなり、雨であれば放射能の拡散度が落ちるため、長崎に変更した。このため長崎での投下が11時2分となり、通勤・通学の時間が過ぎており、殺傷数が落ちた。

2　京都に投下しなかった理由

答え　日本の諸都市はほとんど空爆で焼け野原になっていた。日本の敗戦は時間の問題と見られていた。京都は古都市であり、文化財保護の視点からも空爆から除外されていた。原爆投下の候補に上がったが、スティムソン国務長官の提言により、トルーマン大統領は京都を候補地から除外した。

他になぜ東京に投下しなかったかという質問もあったが、多くの人々は地方に疎開し、度重なる爆撃で焼け野原となり、人間が少なかった。

3　原爆が投下される前に降伏していれば原爆の脅威は知られなかったのでは？

答え　7月16日ニューメキシコ州アラモゴードで核実験実施。開発責任者オッペンハイマーはその威力に驚き、1発で2万人殺傷できると考えた。

実際は10倍の威力があった。多くの学者が原爆の使用に反対した。

原爆の開発に多額の投資をし、ウラン方式（広島投下）、プルトニウム方式（長崎投下）とそれぞれをロックフェラーなどの財閥が支援していた関係もあり、使用中止できなかったとも言われている。

M君の質問

今後の世界で第三次世界大戦は起こりうるか？

答え　戦争の発火点としてはたくさんの国が考えられます。北朝鮮、ロシア、中国などです。

第一次、第二次大戦のようにグループ対抗の戦争が考えられるとすれば、イスラエルとパレスチナのように宗教や人種対立による支援国との連携体制や国家間の利害関係に基づく場合でしょう。核の応酬になると地球は壊滅します。
大戦ではなく無法な戦争を仕掛ける国を抑え、核を使用させないため国連の機能の強力化と平和国家連合が必要です。

担当の先生の礼状　「生徒たちはそれぞれ深く考えている様子でした。」

T中学　2023年11月　330名

Nさん　今日講話を聞いて、改めて核兵器はこの世にあったらだめなものだと思いました。核兵器は一度に多くの人を殺してしまうもので、そのとき生き残ったとしても病気で苦しんだり、周りから差別を受けてきた人がいると分かりました。今、世界では新しい兵器が開発されたりしていて、広島のお話しを聞くだけでもとてもおそろしいと思ったのに、もっとこわいものになっているのかと考えました。なのでもっと世界に核兵器のこわさが広がって欲しいと思いました。

Mさん　戦争をやっても誰も得しません。人が苦しむだけです。広島や長崎などに落とされた原爆で多くの命が消えてしまったと思うと心が痛みます。無関係の人が、ただ生きてた人がなぜここまで苦しまなければいけないのでしょうか？　今も同じです。ウクライナとロシアの戦争、イスラエルとハマスの戦争も、なぜ関係もない人たちまで苦しまなければいけないのでしょうか？　まだ幼い子供や高齢者もたくさんいらっしゃるのに。もし戦争で自分の大切な人が亡くなってしまったら耐えられません。一刻も早く世界中のみんなが安心して暮らせるような平和が来ることを願います。

U君　お話しをお聞きして驚くことがたくさんありました。まず、放射能のことをアメリカが何年も隠していたことです。そんなことをしなければ救われた命があったのかなと思うと胸が痛みます。２つ目は被爆者への差別です。そのとき広島・長崎にいただけで原爆に苦しみ、どうにか命を保ってもその後に周りからの差別を受けるなんて本当に酷いことだと思いました。３つ目は「サイバー戦争も戦争である」という言葉です。私たちの身近にも戦争があることが分かりました。

V君　ウクライナ戦争に北朝鮮のミサイルの脅威など、身近なところにも戦争は潜んでいるのだなと少し恐くなりました。核ミサイルも威力も上がり、一発で日本が滅ぶほどのものもあると聞きます。核がなくならない限り、平和にはならないと思います。まず核兵器をなくすことが平和に近づくための大切な一歩だと思いました。

Ｉさん　私が一番印象に残ったのは、「宇宙戦争」というワードです。ファンタジーアニメでしか耳にしないような言葉が、今現在、おこっているという事実がとても信じられませんでした。実際、自分には関係ないと思っていたものがそんなに身近にあるとは思えなかったので、自分でも警戒しながら過ごしていきたいと思いました。

Ｍさん　一番印象に残ったのはＡＩの軍事利用についてです。ＡＩは今私たちの生活にかかせないものになっているけれども、そんなＡＩが戦争に使われて兵器化するなんて、すごく怖いなと思いました。人工知能をうまく使えばとても便利なものなのに、兵器化して悪用してしまうのはダメだと思います。改めて、戦争はぜったいにおこしてはいけない。核兵器を無くさないといけないと思いました。

Kさん　お話しを聞いて、印象に残ったのは、もちろん原爆の恐ろしさ命の尊さはあらためて考えました。最後におっしゃっていた「10年後の自分を考える」、未来を考えて行動することはすごく大事なことだと思いました。後先考えて行動することで未来は変わることがあるということを知りました。今生きていることがどれだけ幸せなのか考えて生きたいと思いました。

M先生からの礼状　当時の体験をお話しになるのは大変つらい思いを伴うことと拝察いたします。貴重な体験談に加え、現在の世界情勢に視野を広げたお話しを伺う機会を得て、これからを生きる上で大切なことを生徒たち一人ひとりが考えることができたようです。

十二 終わりに

長年被爆者支援活動をしていると、後世に遺したい逸話が生まれる。

1つめ、広島原爆投下直後、防空壕の中で出産する嬰児を取り上げた産婆さんの話。わたしの被爆体験記を大学時代の友人に送った。彼から雑誌のコピーが送られてきた。彼の祖母は広島原爆の被爆者だった。

原爆が投下された時被爆し、市の中心部の防空壕にいたそうだ。中にいた妊婦が急に産気づき、そばにいた彼の祖母が嬰児を取り上げた。女児だった。

成長し生誕の状況を知った娘さんが、生存している産婆さんの消息を知り、数十年ぶりに会えたという心温まる報道記事だった。広島ではこの話は広く知られているようだ。

昔の出産は、ほとんどが自宅であり、地域の職業的産婆さんが出産に立ち会った。産婆さんがいない場合は、世話役的女性が引き受けたようだ。

友人は大阪南部の紡績会社の御曹司だった。

戦後の混乱の時期に、彼の祖母は広島でご苦労されたに違いない。


2つめ、広島原爆版画秘話。

2009年ピースボートで、108日地球一周した被爆者の仲間である西岡洋氏から、DVDが送られてきた。入手困難なNHK制作「もう一つの『原爆の図』」である。有名な丸木位里・俊夫妻の「原爆の図」がもう一つあったことを西岡氏が見つけたのである。敗戦後7年間は米軍占領下であり、この絵が完成した1950年は原爆報道が禁止されていた時代で、この絵のタイトルも「原爆」という言葉は使えなかった。最初は「八月六日」にしたという。

西岡氏は大手商社マンだったが、学生時代この展示会の手助けをした。第二部が制作され、展示会は四年をかけて全国170ヵ所で開催、観覧者は170万人にも上った。日本中が初めて原爆被害の恐怖を知り、無惨に焼けただれた肉体の絵を見て涙した。視覚に訴えることの影響力の大きさを再認識した。

わたしは生々しい焼け焦げた裸体を描いたこの絵は好みではないと思っていた。しかしこの絵が描かれた時代は、「原爆反対」というだけでアメリカ批判として逮捕された。そんな状況の中、危険をおかして原爆被害の実態を日本中に知らせた功績の大きさを初めて知った。不明を恥じている。


3つめ、オバマ大統領広島訪問秘話。

人生には奇跡的出会いがある。

2016年8月、原爆死した父母の墓参り、その折少年時代あこがれた呉の江田島の海軍兵学校を初めて訪ねた。

帰途広島市内で昼食にすし屋に立ち寄った。

ふと隣席の紳士と被爆の話をし、意気投合し名刺交換した。

当時広島テレビ㈱社長の三山秀昭氏であった。

数日後彼から出来立てのオバマ大統領広島招請の記録誌が送られてきた。

彼は新聞社特派員としてワシントンにも駐在したこともある。

長年アメリカ大統領の広島訪問に尽力していた。

昨年もテレビで当時の映像が映され三山氏も登場していた。

オバマ大統領招請にあたりアメリカ側の懸念は、被爆者がアメリカに原爆投下の人道上からの謝罪を求めることだったという。

日本被団協代表理事の坪井直さんが、謝罪は求めないことを約束した。

わたしにも記憶がある。若年で不遇な時期、父を奪った「原爆が憎い」と嗚咽がこみ上げてきたことがある。

日本も原爆開発を進めていたが、技術力と資金力不足で断念しただけで同罪ではないか。

アメリカの世論でも原爆投下正当化論は根強い。

その根拠に、原爆投下翌月から7年間にわたって放射能による原爆後遺症を隠蔽したことによる被害が知らされていない。

原爆投下を正当化するものではないが、早期に降伏していれば落とされずにすんだはずだという日本側の見方もある。

民族自決、一億玉砕、最後の一人まで戦うと言って、「日本は落とされるのを待っていた」とわたしは表現した。

原爆の後障害が消されたことが、今日のアメリカや日本の「核兵器廃絶」への取組み姿勢にまで影響している。

敗戦当時を知る者は、敗戦国の国民としての負い目もある。閃光と熱による原爆の死にざまは見るに堪えない悲惨さがある。放射線による死も同様である。冷淡に言うと死者に口なし。生き残ってケロイドが残り、内部被爆で死の恐怖に迫られて、差別されながら生きる苦しみは残酷である。

日本被団協代表理事を務められた谷口稜曄さんは背中一面原爆火傷の写真で世界中に知られている。彼は名刺にその写真を載せ配っていた。

シャツをまくり上げて背中の火傷跡を見せてくれた。背骨には皮一枚で肉は無く、骨の両側は内臓にとどくくらい深くえぐれていた。目をそむけた。

よく生きてこられたものだと思った。

先年亡くなられたが、核廃絶のために身を挺して活動してこられたことに感銘を受けている。

核廃絶運動の中で、坪井直さんと共に谷口さんの功績は大きい。

人道上を問題にするならば、何ヵ月も継続して逃げ場のない夜間に住民と民家を焼夷弾で空爆したことであろう。

原爆投下ももちろんそうだ。ウクライナを想起する。

これが戦争の現実なのだ。

しかし投下後の怪我人、病人の放置。日本政府の被爆者無視、すべて人道上看過できない問題であり、結果責任は大きい。

懸念されることは、ウクライナ戦争の被害者が原爆被害者の訴えをどうとらえるかである。毎日一般市民が殺されている。さらにウクライナは、今は原発が破壊されるかどうかの瀬戸際である。

世界は悲惨な事件や戦争の歴史である。だが原爆は何が違うのか、なぜ「核なき世界」が必要なのかを明確にし、実現への努力をしていくことが重要だ。

あとがき

わたしの人生は終盤だ。

本書のテーマから少々逸脱するが、わたしが生きた時代を知ってもらうために、恥を忍んで自分の体験のすべてをさらけ出すことをお許し願いたい。

我が人生は、生きた時代と触れあった人にめぐまれていた。

人生の屈折点で、方向を示唆してくれた恩人がいた。

日本は戦争や原爆体験、そして戦後の混乱の中からの目覚ましい復興をとげ、世界から注視された。

その発展の原動力である当時最先端の、産業・建設機械製造業界の渦中で体験できた。

この貴重な体験を後世に伝えたい。

私の一族は当時大陸の奉天や大連、朝鮮などで鉄道資材を中心とした事業を展開していた。私の生まれは昭和11年（１９３６）、朝鮮京城市（現ソウル）。

すぐに平壌（現北朝鮮ピョンヤン）に移った。

5年間居たが当時は治安もよく平穏な都市であった。植民地というと支配国による搾取を想起するが、日本の政策は、台湾でも同じであったように同化政策だったのであろう。

生まれた年には、陸軍将校による二・二六事件が起こり、翌年には中国国民軍と戦闘状態となった盧溝橋事件が起こった。

幼少期の写真は軍隊帽、鉄兜、七五三祝いは海軍大将の金モール付きの軍服姿であった。軍国主義の時代であるが、敵は支那（中国）から、いつの間にか「鬼畜米英」に代わっていた。


原爆で父を亡くす。終戦、食糧不足。さつま芋の茎やいなごも食べた。甘いものも無い。米一粒を大切にする。

衣類も本も歌も文化も無い時代に育った。おもちゃも無いし、買い食いも無い。

先年亡くなった半藤一利さんは数歳上だが、講談本の時代の人と記載されていた。こんな本しか無かった。

わたしも隣家にあった講談社全集の英雄豪傑、剣豪や侠客に熱中した講談本時代の人間

筆者：3歳ごろ

である。

日本人が培ってきた美徳、「真実」「良心」「節度と尊敬」「思いやり」の精神を学んだ。正義感もあるし、「気遣い」も大切だ。

慎ましいことを謙譲の美徳と言った。

この精神が今も世界中から素晴らしい国と思われている点であろう。

節度を忘れて、自我剥き出しで他人のことばかり投稿するSNSは、「質素」「謙虚」「控えめ」、の精神を学んだ我々の世代を全否定している。

今の日本人は先祖の遺産を食いつぶしており、もう種切れになりつつある。

日本が無条件降伏したのは8月15日、天皇陛下のラジオ玉音放送によって敗戦が宣言された。

国内配置の兵隊は即日解散した。

17日だと記憶するが、宮崎の航空隊特攻基地から遠戚の青年が復員してきた。

「自分も明日特攻機で突っ込む予定だった」と言った。

多くの仲間が先に行ったとむせんだ。先に突入したという意味だ。

戦争の末期、戦況不利の日本軍は、窮余の一策として飛行機ごと敵艦に突っ込む特攻攻撃を開始した。魚雷艇などの特攻もあった。

片道の燃料だけを積んで死地に赴く若者は、「靖国で会おう」と別れの言葉をのこして突入していった。死ぬことを花と散る「玉砕」と美化された。

「靖国」とは戦死した軍神を祀る靖国神社のことである。

当初は大きな戦果を挙げ「カミカゼ」と恐れられたが、米軍も防御態勢を取り、突入前に打ち落とされ多くは犬死となった。それでも行かされた。

終戦で生き残った若者たちは目標を失い、自暴自棄になった連中を「特攻崩れ」といった。

敗戦は多くの人々に衝撃を与えた。

「カミカゼ」

親や周囲の人は、世の中の急激な変貌に苦悩していた。多くの若者を死地に追いやった責任も感じたであろう。

わたしの父はごく普通の愛国的国民であった。

南方から300トンの木造貨物船で帰国した時、裸でサメに食われないよう赤ふんどし姿だった。小さなジュラルミンの板を持っていた。軽機関銃でグラマン戦闘機を撃墜した記念だと言った。

ボルネオ・ブルネイでは、日本軍は夜間にアメリカ軍の潜水艦で上陸する支那人（当時は中国を支那といった）のゲリラを捉え、穴を掘って日本刀で首を刎ねている。

ゲリラをやらなければやられると言った。父もやったかもしれない。

生きていれば戦犯になったかもしれない。

戦争に負けたら割腹すると言っていた裏には、さまざまな思いがあったのだろう。

母の姉である伯母は短髪にし、乳飲み子を抱えて朝鮮北部から引き揚げてきた。幼児は栄養失調でまもなく亡くなった。

遠戚の伯父たちも大陸から引き揚げて、我が家を頼ってきた。

ソ連軍の暴虐をかいくぐって帰国した。殺人・暴行・レイプが平気なロスケと呼んだ囚人兵である。ウクライナへ侵攻したロシア兵が全く同じである。

当時日本にとって最大の脅威はソ連の南下、日本への進駐だった。日本の北半分の割譲を要求していたようだ。ドイツが東西分割統治されたように、日本も南北に分割統治される危機だった。

終戦になっても、ソ連軍はカラフトの日本軍にも攻撃した。終戦3日後北方領土の占守《しゅむしゅ》島《とう》ではソ連軍に攻撃され、1週間耐えた。

最後まで残っていた日魯漁業の缶詰工場の若い女性400名を、ソ連軍の凌辱から守るため島にあった独航船20数隻で北海道に送り返した。

この1週間でソ連の北海道侵攻は遅れ、日本はソ連による占領を免れた。

日本は終戦直後から1952年の7年間、連合国軍総司令部GHQ（General Headquarters）によって占領された。

日本がどうなるかは見えない。敗戦の混乱と食糧不足、焼け跡にバラック小屋を建てて住んだ。

一家全滅した土地は取り放題だったようだ。秩序もルールも無かった。

日本各地では物資が無くヤミ市ができた。

神戸の三宮のヤミ市では、朝鮮人が戦勝国人としてわがもの顔で振る舞い、これに対抗した日本人に拍手喝采したそうだ。これが山口組だったという。

日本の敗戦の責任者は？　天皇の責任は？　と考えた時期もあった。天皇制は存続できるのかも不明で、崩壊もあり得た時代である。

子供の間でも「天ちゃん」と言っていた。半藤一利さんも天ちゃんと言った時期があったと書いていたように思う。

その後は昭和天皇を尊敬している。身を挺して国体を維持したからである。

天皇制も維持された。

「平和学習」で学生に、昭和天皇をどう思うかと質問されたことがある。一瞬ドキッとした。ソ連の圧力や共産主義の脅威などの当時の状況説明は難しい。

若い皇族の方々はこの時代のこと、昭和天皇の苦衷を学んでほしい。

２００９年、ピースボートに乗船中、会話した元教師の女性から、「だって日本は侵略国家だったんでしょう」と他人ごとのように言われたことがある。何故か無性に腹立たしい思いをした記憶がある。

敗戦は一日で人間を変えた。戦争を肯定するわけではないが、どんな状況でどんなに苦慮し決断してきたのか、それをしてきたのが父や祖父そして自分の肉親なのである。その苦悩する姿を想像したことも無いのだろう。

それを知っているのが国家という意識や発想をもった戦前・戦中派だと思う。

戦後教育は戦前否定から始まって、紆余曲折している。

国旗を掲げない、国歌を斉唱しない教育である。

我々の感覚では競争させない教育、はれ物に触るような教育には抵抗を感じる。

かつてわたしが子供教育では「ダメなものはダメ」とはっきり教えるべきだと書いたと

ころ、当時30歳代の女性の雑誌副編集長が、「そこが一番すばらしい」と言った。なぜこんなことが素晴らしいと驚いたのか、学校では注意や叱責の無い教育を受けたらしい。今でも小・中学校では先生方は、ダメとかしてはいけませんとは言ってはいけないことになっているように聞いた。

学校に文句を言う親も多く、毎日数件は電話が掛かりその対応に苦慮しているようだ。地域差や学校差があるかも知れないが知らない人が多い。これらの点は現状を調査・対応すべき問題だ。

最近の凶悪事件をみると、してはいけないことが分からない世代になっているような気がする。我々の想像を絶する事件が多発している。

親や年長者の言うことを聴かない。年長の相手から学ぼうとする気もない。

対等意識だけ植え付けられ、親は子を育てるのがあたりまえと、感謝の気持ちにも欠けている。

不幸な教育を受けた年代の悪影響は尾を引くものだ。子供にまで影響を及ぼす。こんなに教育問題の余波が大きいのかと驚いた。

不登校や引きこもりが増え、労働意欲の低下、企業意識の喪失、日本は世界でも低位にあるという。

子供に金がかかり過ぎるのも問題だ。親の負担は増える一方だ。ポケベル、携帯、スマホ、ゲームなど無放任で与えてきた。年齢制限や内容チェックも無い。必ずある反対意見を大きく報道するマスコミにも惑わされている。

子供の視点も必要だが、甘やかしてはいけない。子供にとってベストの方法を選択すべきなのである。

教育は国家の基本であり、教育の体制や制度の見直しは常時必要なのである。単に文科省や教育委員会だけの問題ではない。

教育改革や見直しが必要だとの声さえ聴かないのは残念だ。

高校時代は、体育祭後のファイアーストームで歌う歌は、旧制高校寮歌と「人を恋うる歌」である。大学や社会に出たては民謡や軍歌。特攻隊の「若鷲の歌」。そんな歌しか無かった時代だ。

伯父の一言で無理して進学、母は苦労した。大学時代はアルバイトに明け暮れた。

戦後5年目の1950年朝鮮戦争が勃発し、米軍への物資の提供で日本経済は潤った。

物資を輸入する外貨も無い日本にとって、「朝鮮特需」は恵みの雨だった。3年後に戦争も終結した。

景気は低迷し、外国から物資を輸入する資金も無くドル不足と言われた。

「日本が良くならなければ我々も良くならない」という時代だった。

大学の国際経済学では、最初の授業で朝鮮特需の終了と国際収支の赤字、資源の無い日本は輸入・加工・再輸出という工業立国しかないと学んだ。

教授はノーベル経済学賞受賞のサー（爵位）ロイ・ハロッドのいる、オックスフォード大学に留学した。労働生産性の国際比較をし、日本の成長を見通した。論理的に先の世を見通すことの重要性を学んだ。

朝鮮戦争後の不況が続き、製造業の求人は少なかった。

わたしは従業員千人強の中企業、産業機械・建設機械製造会社に就職した。

営業に配属で入社3日後から先輩について、飛び込みのユーザー訪問である。

2週間後から一人で訪問させられた。

勇気のいる仕事だ。守衛に門前払いされたくやしさは、今でも記憶に残っている。物を売ること、買っていただくことは本当に難しい。

戦後のこの頃、日本の大金持ちの70％以上が阪神間にいるデータに驚いたことがある。大阪は昔から「天下の台所」といわれ、全国の米、醤油、味噌などは大阪に集まった。当時は除雪機も無く、雪深い東北・関東・北陸には長い雪籠りがあった。日本経済の中心が関西から関東に移ったのは、関東大震災が契機ではないかと考えている。

戦後日本政府はアジア諸国への戦後賠償の問題をかかえていた。関西には、綿花・生糸を中心に海外に輸出入する大手商社が多数あった。この商社からフォークリフトやタイヤショベルの大量引き合いがきた。政府の賠償金の現物支払い用である。

まだ草創期の日本製機械がアジア諸国へ輸出され、その経済効果とともに日本製の高品質が証明され信用される機会となった。製品はいくら良くても売れるとは限らない。よい使用実績がなければ製品は信頼されない。賠償での日本製品の海外進出は絶好のチャンスであり、その後の輸出大国への道を早めた一因である。

わたしは中・高とスポーツに熱中、勝つためだけにがんばった。インターハイにも行った。明るい顔で訪問先でも好感を持たれるよう努力もした。

平和学習へ行っても、学生たちの将来が気になるし、自分のこの体験が役立てばと話している。

営業もライバル企業とのし烈な競争である。勝たねば意味はない。人生すべて競争であり勝負である。負けても「男は泣くな」と教えられて育った。

今でも、新入社員教育や高給なんて一部の大企業の話である。

会社は物流機械需要が伸び急成長、東のソニーと並んで評価された。日本に無かった物流機器フォークリフトは好調だった。

社長は戦時中ベアリング製造で軍需産業とみられ、公職追放された方だった。立派な方だった。

株式を公開し社員にも配布した。新入社員のわたしも、記憶では200株だがいただいた。

母が原爆症で二度目のガンになった。無一文のわたしは、会社を気にしながら株の半分を売って高い手術代を払った。

戦後15年くらい経っていたが、まだ被爆者は救われなかった。

社長は亡くなり、総評系の指導で1100人程度の労働組合が結成された。労働争議が増えつつある時代だった。

同期生が委員長で幹部はみな大卒で本社幹部。営業のわたしは副委員長を要請されたが断り切れず、組合活動は経済闘争だけならと条件をつけて受諾した。

上部団体の指導は巧妙である。地域共闘などといって集合させられる。ストライキや街頭デモを煽る連中もいる。日頃冷静な男が集団行動になると人間が変わったようにお祭り騒ぎである。無責任な群衆行動は怖い。

一流大学出ほど世間知らずが多く、理屈が多くきれいごとに弱い。立場を考えて行動しなければ、追随する人間も多く影響力が強いことを認識すべきなのだ。

責任の無い立場で正論を吐いても、TPO（Time, Place, Occasion）が伴わなければ正論ではなく理屈である。

ストをなだめようとすれば会社側だと決めつけられ、敵にされる。苦労した。

わたしは59年に社会に出たが、ほとんどが60年安保の世代である。

街中を、ヘルメットにこん棒を持って歩く連中の心情と、それを許す政府は理解できなかった。いつも浅間山荘事件が想起される。

終戦時わたしは3年生で戦前派だとは思わないが、2〜3年下は戦後教育、ジェネレーションギャップを痛感した。

数年で第二組合ができ、残念ながら優秀な理論派で、会社を去るか生涯窓際になる人も出た。

高名な国際経済学者都留重人氏が学生時代の革新活動を指摘された時、「若気の至りで」と釈明した。

ソ連共産主義が崩壊した時、共産主義理論を多くの学生に教えてきた高名な経済学者は、「慙愧に耐えない。我が人生は何だったのだろうか」と言った。

当時は共産主義の計画経済か自由主義経済かという論争が華やかだった。

しかし人間として思想や信条を変えるならば節操を変える変節であり、人間性を疑われる。

昭和39年、本社営業部で営業企画担当。

マス・プロ、マス・セールと言われた時代だが、日本には大量販売の理論はまだなかった。市場調査とかマーケティングという言葉が出はじめ、各企業は手さぐりだった。

日本初の国産ホイールローダー（筆者）

競争相手は日本有数の大企業ばかり。生き残りの戦略を研究した。

孫子の兵法をはじめ多々あるが、一番感銘したのは、日露戦争日本海海戦の作戦参謀秋山真之である。あの時代に、各戦艦の砲術訓練で命中確率を競う地道な努力をし、兵士の士気を上げ勝利をもたらした。相手と自分を知った上での戦略が重要である。

経済の発展は物づくりによる雇用の拡大が基本である。

日本の製造業の品質評価が高いのは、ネジ、ベアリング、チェーンなどの基礎部品の高品質と、工作機械の高精度による。

各企業は品質向上に努力した。最初はゼロ・ディフェクト「ＺＤ」運動（ノーミス運動）であり、その後はさまざまな品質管理運動や、現場からの提案制度、経営改善運動が推進された。「カイゼン」である。

社員の勤労意欲と愛社精神は、終身雇用制度の影響大である。

海が日本を助けた。製造コストに占める輸送費の比率は大きい。

当時アメリカの製造業はデトロイトやシカゴが中心であった。国内輸送費の比率が大きい。販売価格は地域別に設定されている。

西海岸までは貨物列車輸送で日数も掛かった。日本からは安い貨物船運賃で輸送し約1週間で届いた。

日本の高度な製造技術は、おおらかに韓国や中国へ移転された。

戦争での贖罪の気持ちもあったし、当時の状況では日本が追い付かれることは予想されなかった。

現地生産は中国では、最初は鋳物など作業の過酷な日本人が敬遠したものの部品輸入から始まった。完成品の現地生産では、部品の現地調達率は40％程度からなかなか伸びず、それ以上にはかなり時間がかかった。作る技術も設備も無かったのである。

逆に、韓国や中国が国産化する段階では、日本がより省人化の進んだ設備に切り替えたため、耐用年数がきていない優秀な中古設備機械が安く入手でき、短期間で安く高品質な製品が製造できた。

アメリカの製造業の凋落の主因は品質問題である。欧米の主要企業の工場を見学したことがあるが、アメリカでは、労働者に品質管理とか品質向上の意識は感じられなかった。世界を制覇した有名なアメリカの製造業の企業は、今は殆んどが消えている。

日本の中古機械は何でも世界中で好評で、うまく輸出ルートを設定できると下取り価格を高くでき、新品価格競争が有利になった。

今は日本製中古家電までがアフリカなどで好評で、オークションが盛んらしい。

世界の工場は、アメリカ、日本から中国そしてインドと西へ移動している。

2017年中東のドバイ経由でノルウェー・オスロへ向かったが、ドバイ空港の規模や賑わい、大型機がずらりと並ぶ様に驚いた。

まさにアジア・欧州・アフリカを結ぶ世界のターミナルである。世界の構造の変貌はすさまじい。

当時会社は米国企業と建設機械の技術提携を結んだ。設計マンに聞くと、手回しの計算機でインチ表示の図面をセンチに変えるだけで、日本的変更は一切認められないという。

同時期に日本の原子力発電所が、米国企業の技術援助を得て建設されている。後年、友人の学者が、ある電力会社へ原発事故への対応を聞きに行った。

「日本の原発は、１００％安全が大原則で、事故を想定して準備をしていたら、約束違反であると強い反発を受けるので会社としてはできません」という答えだったという。

アメリカはスリーマイル原発の事故後原発製造から撤退した。そして既設原発の事故予防に努力した。

日本の電力会社にはまったく危機意識が無い。

アメリカやチェルノブイリ原発事故の教訓を学ばず、対策さえしなかった。

事故原因は津波の影響で、電源喪失により冷却水が送れなかったということになりつつある。対策しておれば事故は防げた筈だ。

日本はアメリカの技術援助を受け全面依存しながら、何の対策もしていない。

これは電力会社の官僚的無責任体制によるものだ。

それでもアメリカの技術を引き継いで、原発輸出大国になろうとしていたのである。

チェルノブイリの事故は水素爆発、東電の現場責任者の新聞の見出しは、水素爆発「想定になかった」である。

東電福島事故は、13mという想定外の津波の高さのせいにしている。

もう何年経つのか、未だにだれも責任を取っていない。

（注）東京電力福島第一原発事故の責任を巡り、２０２３年7月現在東京高裁で控訴審が始まった。争点は「津波の予見可能性」と「事故の結果回避可能性」だという。

原発は事故防止のために幾重にも安全を守る歯止めがある。原子炉には冷却水の供給が必要であり、原子炉冷却用の非常用電源装置を備えている。

アメリカでは、１９７９年にスリーマイル原発で事故を起こし、原発からの撤退を決めた。既存原発については、事故防止のために原子炉冷却用の非常用電源装置や機器を、全米の2ヵ所の地域センターから24時間以内に供給できる体制をとっている。

東電福島事故原因の回想にあたって、元アメリカ国務省の東アジア・太平洋局日本部部長ケヴィン・K・メア氏は、東電の事故の際トモダチ作戦を始めとする対日支援の調整役を務めたが、日本にも予備の原子炉冷却用の非常用電源装置の設置を何度も提言していたと暴露した。

日本政府や関係省庁、電力会社などは全く無視したのである。

東電福島の津波による電源喪失は、２０１１年3月11日15時である。１号機の水素爆発は24時間後の12日15時36分である。

東電がスリーマイル原発事故の教訓によるアメリカの忠告を無視したこと、チェルノブイリ原発事故の水素爆発を忘れていたことが事故につながったのではないだろうか。

事故原因を、津波が想定以上の13ｍで、非常用電源装置が破壊されたということにするのは原因のすり替えだと思う。

「爆発の原因が核燃料の溶融に伴って発生した水素が原因」と公表されている。日本政府やメディアはどう対応するのか。

この事故によって、厳しい放射能汚染基準を設定し多くの人を避難させた。設定した避難基準が妥当だったのか、安全係数が高ければよいというものではない。安全係数の見直しは、コストアップと納期遅延となる。制作材料は日々進歩している。技術の陳腐化もある。

原発は基本的には、使用済み核燃料の処理問題が解決されない限り中止されるべきである。

しかし地球上人口はアフリカ、インドを中心に増加の一途である。電力需要は発展途上国をふくめて旺盛である。

一方石油はあと30年程度で枯渇するという予測もある。

より安全度の高い小型軽水炉などが開発されつつあるが、中国やロシアがアフリカなどの途上国に売り込んでいることも問題である。

建設資金の借款や技術指導、個々の国では対応が困難な使用済み核燃料処理などで、長期にわたって拘束されることになる。

日本では政府や電力会社の信頼度の問題もあり、避けて通れない道ではあるがその判断に苦悩するのは当然である。

原発再開は安全保守が前提である。高度の技術を有する日本の原発輸出はつぶされ、原発再開は遅れた。原因究明と対応が明確にされなければ前に進むことはできないだろう。ただ、ロシアや中国がアフリカなどの途上国に原発輸出を推進している。一度採用されると技術指導や使用済み核燃料処理などで１００年は拘束される。

あのチェルノブイリで事故を起こした欠陥原発を製造したロシアであり、日本に技術指導を求めていた中国である。看過できる問題だろうか。


昭和42年東京のど真ん中の新橋田村町勤務。上司は元建設省大臣官房建設課係長。建設省のドンは建設課長であり建設機械化協会の会長である。

当時のこれらの人々には、日本をしょって立つ気概があった。

日本の建設機械の国際競争力強化のための方向付けをしている様子がよくわかった。

岡山支店で問題が発生、派遣された。

当時は建設用川砂採取が制限され、砕石（山砂）が盛んになった時代である。

岩盤にぶつかってすくうタイヤショベルはよく故障した。日本の土壌に向いた高品質が求められた。

大阪の子会社再建業務を果たし、後福岡で九州・沖縄の建設機械の販売促進担当。

鹿児島から石垣島までの島々にも通った。

浮き草か根無し草のように転々とした。


昭和54年、熊本で子会社設立。28人でスタートしたが順調だった。

国産最大ホイールローダー（当時）自重 60t 右端筆者

岡山時代の顧客と山岳トンネルのズリ（爆落石）搬出に「ベッセル工法」を確立した。

この時代は長大トンネルの工事が主になり、掘る技術から大量のズリの搬出（物流技術）が重要になった。

1㎞1ヵ月の進捗と大幅に工期を短縮し、コストを低減させた。

ベッセル工法は全国の高速道路・新幹線のトンネル、リニア工事で採用され、全国の工事現場を飛び回った。日本列島改造論の実現に貢献できたと思う。この時の機械は東京湾アクアライン人工島建設工事でも採用され評価された。新技術の応用である。

当時は建設工事といえばアースムービングといって、ブルドーザーで地球を削り高速道路、団地、ゴルフ場を造った時代である。

1994年本社営業本部長の時、松本サリン事件が起きた。中部の販売会社の社長から電話があった。わたしの管掌する中部の販売子会社の社員だという。

疑惑の河野義行氏は犯人扱いの報道だった。

1年前に中途採用したが、前の会社が薬品会社だったのも疑惑の一因だった。社名が出たら大変だ。会社は危機に瀕する。報道の怖さも知っている。すぐに警察へ行って調査するよう依頼した。

家宅捜査した担当刑事は、「家の隅にほこりをかぶった薬品のビンが2~3本あっただけです。大丈夫でしょう」と言ったという。

しかしマスコミの追及は執拗である。

河野氏も被害にあい、河野氏の奥さんも意識不明の被害者で、支援を必要としていると判断した。

発起人になって全国の関連会社を含めて支援カンパをした。

つづいてサリン事件が東京地下鉄で起こり、オウム真理教による殺人テロ事件は大きな社会問題と化した。

１９９５年、阪神・淡路大震災が発生した。現地対策責任者を命じられ、地震の翌々日朝４時に大阪を出発し現地入りした。国道にまで倒壊したビルが横たわっていたが、初日だけは比較的スムースに現地入りできた。

翌日からは大変だった。サービストラックに支援物資を積んで、５日間大阪から通った。神戸の子会社支援と顧客のお見舞いである。

家屋・ビル・高速道路の崩壊と火災、神戸港突堤の地割れもひどかった。

近くの倒壊家屋の下敷き遺体も、死亡確認はすぐに済んだが搬出には日数がかかった。

電話も不通、新型携帯電話が役立った。

支援物資で最も喜ばれたのは、水が無く洗濯できないので女性の下着だったように思う。一番困ったのは水洗トイレだろう。

無人搬送システム製造の子会社が大赤字で、おまえしかできないと言われ、再建に当たったが苦労した。

当時は、企業は資金調達のため銀行への依存度も高かった。

銀行出身の親会社社長は馘切りのプロである。直ちに全員解雇せよと言う。再建屋に情も事情も一切無い。

恥ずかしながら60歳過ぎてひどいパワハラにも遭った。当時はまだパワハラという言葉も無かった。

的外れの暴言を受けても心は傷付くものだと知った。人間の心の弱さやもろさも知った。若い人でなくてもトラウマは長く残るものだ。

会社再建は誰でもできる。不採算部門を切り捨て、採算部門だけにすれば2〜3年は黒字だ。問題は、社員はみな家族をかかえている。

切り捨てられる中に有望な新製品開発部門や優秀なスタッフも居ることだ。

2年で切られた期限内で再建できた。

要因分析では赤字の主因はプログラムミスだった。展開するプログラム設計は、別人ではチェックが難しいから問題も多い。

某ビール会社から受注した製造ロボットシステムは、最新技術を駆使した24時間無人搬送システムで、高く評価された。

この体験は現在ＩＴシステムや無人兵器の理解に役立っている。ＡＩ技術も使い方しだいである。間違えると大変なことになる例は卑近にある。

最後は福岡の販売会社だった。熊本、鹿児島の九州の販売会社との合併である。会社合併の難しさは、労働条件の統一である。就業時間、給与格差、退職金などの調整は、社員との信頼関係が前提条件である。

もう一つはコンピューターシステムの統合である。それぞれの会社のシステムを統合するには時間がかかる。

福岡では海上コンテナの保管ヤードで、管理システムや、機械で数字のコンテナナンバーを読み取る画像診断の採用や、コンテナ・ハンドリング機械など最新技術製品の営業指揮をし、世界の主要港湾の視察もした。

港湾のシステムも使用される機器も、国際的技術水準と世界の趨勢に沿ったものでなければならない。情報量がキメテである。

この会社でも、ある社員の奥さんが当時はまだあまり例の無い生体肝移植をするので金を借りたいという。社員は仲間、企業グループの協力を得て数百万円の協力カンパをした。

普通は、希望して入社した会社やその業務には愛着がある。その会社が吸収、合併、部門の売り渡しなどが容易に行われる時代になった。

残念ながら、社員の愛社精神なんて期待できない時代になった。

しかし会社と社員の信頼関係は必要である。

ひとはみな生活の安定を願うが、給料だけでなく仕事上の誇りも大事にしている。

長い人生で、一人の社員の人員整理（馘首）もしないで済んだことは幸せであった。


多くの日本の大企業や下請け企業などは工場の海外移転をし、日本は空洞化した。

高齢化や少子化も進み、商店街はシャッター通りと化した。

国内企業は凋落し弱体化した。生き残りに必死だった。

中国や韓国などに技術や人材が流出した。

どこの国でも当たり前のことだが、政府は税金を使って大企業を支援した。国際競争力強化の名目で、企業合併を推進した。非正規社員を増やした。大企業は収益を上げ内部留保を増やし、自社株買いを進め、役員賞与を増やした。

社員や社会への還元は期待通りではなかった。

しかし戦後の日本経済は紆余曲折があったが将来を悲観することはない。

わたしの長い人生での体験を述べてきた。しかしその中でどうしても看過できない状況が多すぎる。それを指摘するのも使命であろう。

なぜ日本はこんなに歪んだのだろうか。

問題は、役所を先頭に、非正規雇用を増やしていることである。国や県の非正規雇用の比率を聞くと驚く。県や市は大体30％くらい、傘下の組織の比率は50～70％ともっとひどい。その上1年毎の契約更新とか、3年限度の雇用条件もある。

「県から国への出向者の費用は、全額県の負担ですよ」ともいわれた。

官僚による支配構造は浸透しているようだ。

正規社員が減り過ぎての問題も起こっている。

賃上げも必要だが、正規社員を増やすことも賃上げになる。

さらに世の中から、仕事が生きがいという職業意識を奪っている。人間はその人に生涯の天職を授けることが大切である。

「おとなになったら、正規社員になりたい」との子供の発言の報道もあった。この弊害は大きい。

もう一つは、行政の政策の企画力が貧弱であり過ぎる。コスト意識と効率感覚の欠如である。

世の中はＡＩ万能のように期待している。

しかしＡＩ技術も自動運転システムも、極論すれば信用できない。技術の問題よりも不安定な人間との共存の部分に不安がある。

技術は安全な部分や信頼できる範囲内で活用すべきである。

さらに、ＡＩ技術で音声や画像を偽造されたら、何も信用できなくなる。

ＩＴ受信は悪意のかたまりだ。留守配達を装ったり、有名企業名や銀行名を使って、巧妙にパスワードを盗もうとする。何も信じられない状況になる。

これらは海外からの発信も多く、一般では想像も理解もできない。

日本は無防備・無節操すぎると言われている。

日本の伝統的な精神性は海外からの評価は高いが、ＳＮＳでますます日本人のモラルは低下していく。

日本のツイッター利用は世界で突出し、人口も少ないのに米国の3倍だという。米国企業はそのシステムづくりと営業を日本から始めるという。

本来ツイッターは、政治家や芸能人が名前を売り自己宣伝のために利用した。一般人が情報交換に使うのは許される。しかし他人のことを話題にし、無記名で公開するところに問題が発生する。

本文の中学生の意見の中にも、「今のネットの現状はかなりひどく多くの若者が亡くなっていくという現実が『日本の言葉の戦争』じゃないのかと思いました。この現状を打破するためには、僕たちから動かなければいけないから、仲間を大切にしていきいじめをなくしていくことに尽力していきます」とある。現状がここまでひどいことに驚いた。これは子どもたちの悲鳴だ。

現場の先生方も苦しんでいる。

これはこの学校だけの問題ではない。

誰が改革するのか、それとも放置するのか。

ツイートが企業の営業に利用されていることに気付いていない。ツイート大国日本の心は崩壊していく。

規制が、問題が起こってからの後追いなのも問題である。何か規制しようとすれば反対意見が出る。抑えれば言論の自由の侵害だとわめき声が出る。日本の民主主義の見直しも必要だ。

日本を動かすトップエリートは矜持をもって、徹底して国民、庶民の立場から思考し牽引してもらいたい。


格差問題では若者の所得格差、ひきこもりも社会問題化しつつある。

過保護に育てられるとひ弱な人間になる。

老人の生活は限界にきている。年金からの天引きも了解なしに増えていく。インフレの影響と、少ない蓄えの金利収入さえなくなった。

金利政策も国民生活の視点での配慮に欠け、無金利政策もその一因であることを誰も指摘しない。

日本社会は、敗戦とその後の社会の変革によって、日本古来の伝統や長所を失うことになった。


地球一周の船旅で、サモアのウポル島を訪問したときのことを紹介したい。

原住民の部落での接待があった。そして部落の長老が出てきて、食事の前に部族の儀式を行う。

「我々の今日があるのは先祖のお陰、先祖に感謝のお祈りをしよう」という。こんな言葉は最近聞いたことがない。日本人が失った精神ではないだろうか。親や先祖をうやまい、先祖の教えに従い、先人や偉人に学ぶことは大切である。

齢をとるとたくさんの友人・知人も減っていく。数年前からＰＣをやめ携帯には出ない人が増えた。老人のはかない抵抗だが、社会から消された年代になってしまったようだ。

しかし年輪や年の功は無用の長物として消え去るものではない。高齢化社会の中で、その必要性が求められるときはくる。

わたしの信条は「身ぎれい」である。

人間社会は難しい。あらぬ誤解を受けたり、足も引っ張られた。無念の思いをしたことは多々ある。歯を食いしばって耐えてきた。それが人生だろう。

若い人に伝えたい。ひ弱な人間にならないこと、受け身で考えないこと。

忍耐すること、忍耐力の養成が逞しく生きるために必要である。

人類の歴史をみると、弱肉強食の歴史である。弱者は滅び強者のみ生き残ってきた。

我々の先祖は強者だった。

上：ノーベル平和賞授賞式にて（2017 年 12 月オスロ市庁舎）
下：ノーベル像

現代に生きる者として、世代の継承者として弱者をいたわり救済することは必然である。同時に我々自身は強くたくましく生き、子孫に引き継いでいく世代責任がある。

人間の原点に戻って考えてみよう。

天から授かった貴重な生命、一度しかない人生、大事に有意義に過ごしたいものだ。

金が欲しいわけではない。仕事に誇りを持ち、生活不安が無い心豊かな老後を送れる状況が理想だ。

戦後の激動の時代に、激しい競争社会にもまれてきた。ひとから受ける温かい一言や気遣いに涙したこともある。自分もひとに尽したい、誰かにお返ししたいという気持ちである。

人間は一人では生きていけるものではない。

多くの悩みを持って、家庭を守り子供を育て生き抜くことは難しい。わたしの人生体験が少しでもお役に立てれば幸いである。

友人・知人からの感想文

戦後40年経ったころである。

50歳代の知人に、わたしが被爆者であることを明かした。いきなり、「アメリカが憎いでしょう」と言われた。

残念ながらそんな意識は無かった。「原爆が無かったら」とむせんだことはある。

敗戦と戦後のまもなくは、沖縄は除いて、嫌米感情はあまり感じなかった。

子供たちは米兵のチューインガムとチョコレートで懐柔されていたのかもしれない。

食糧はアメリカ依存。文化（映画など）もアメリカから。

しかし戦後20年たってもアメリカの軍艦が佐世保に寄港すると、３０００人もの日本女性が全国から集まり、横須賀に寄港すれば大移動していた。

まさに敗戦国の悲哀は続いていた。

これらの戦争体験が「戦争を知らない」戦後教育の年代とのジェネレーションギャップ

かも知れない。参考までに友人・知人の読後評を披露する。

友人T君からの手紙（高校同期）

被爆者は遠からずゼロになります。世界で唯一の被爆国である日本は、原爆の何たるかを世界に伝え続け、核兵器廃絶に向け努力する使命を負っていると思います。

「沈黙は共犯である」とコンゴの婦科医（ノーベル平和賞受賞、広島へも訪れた）は言いました。TVで視聴した彼の言葉に耳が痛かったです。貴兄の言葉、具体的な活動には敬服するのみです。

同じ言葉を言っても、その重みが違うと感じています。

国民学校の帰途、米軍戦闘機P－51が超低空飛行で飛んでくるのが分かり、反射的に道の端の泥川にころげ込んだことは忘れ得ません。

また、広島に新型爆弾が落ちたと父は聞き、親戚の家の山に横穴を掘りに行きました。私も同行し、2メートル位掘り進んだ時終戦の詔勅を聴きました。

貴兄の本に記されていますが、今年TVで「チャーチルと原爆」と題する番組で、英国も原爆投下の当事者であることをかなり具体的に知りました。

アメリカが原爆を投下したと一般的に認識されていますが、米英が投下したとするのが適切だと思います。

オバマ大統領は彼の立場上限界はあるものの、精一杯の謝罪の表現であり、私は多としています。英国は如何でしょうか。

エリザベス女王は昭和天皇に授与した勲章を一度剥奪しました。(後に再授与しましたが) さすれば原爆投下の半分の責任は充分に英にあり、政治の当事者ではないものの、女王はどのように挨拶するのでしょうか (したのでしょうか)。

英国民は自国が原爆開発・投下の当事者であったことを知っているのか気にかかります。

(中略　彼はサラリーマンとして最後は英国の会社に勤務した)

貴兄が実践しておられる「平和学習講話」、後世の人々に伝えるには格好の方法ですね。資料も重要ですが、被爆体験者が直接語ることは、非常に説得力があります。然し語り手は少なくなっていきます。

貴兄の「平和学習講話」も含め、ＤＶＤを若者が視聴する機会を拡めてゆきたいものです。そして核兵器保有国の国民にもです。

無知な私の想像ですが、宇宙空間が近き将来戦場になると聞きます。宇宙空間から核兵器を爆発させる技術が開発されると、核保有することが危険になるのではと。

「おわりに」の項で、貴兄が問題視されている教育問題、全く同感であります。私事で恐縮ですが、私の息子は中学校の教頭であり、ヘトヘトです。

学校内で起る問題は全て教頭が対応することになっています。これは小・中学校共通です。土曜出勤は当たり前、帰宅時間は平均夜の九時です。

教員の不登校問題も大問題です。生徒は先生の不登校を知っているのです。生徒の不登校をどう解決するのか、それ以上に問題の根は厄介です。文部科学省は教育現場を分かっていません。（文科省自体が問題を起こしているのですから）

教育界は非常に古い体質です。貴兄がおっしゃる通り教育委員会のあり方は、抜本的に見直す必要があります。

校長は教育委員会を恐れています。教員はモンスター・ペアレンツ及び教育委員会を恐れ萎縮しています。

人材教育は国家の最重要事項です。孫娘の一人は高校二年生で、大学入試について、文科省の指導力・方針の不明確さに憤慨し、政府を信頼していません。

非正規職員（役所の）は困ったものです。○○市はコロナに関しての問い合わせ窓口を特別に作りました。尋ねたいことがあったので早速問い合わせたところ、電話に出た人は何も答えられないのでした。チグハグなことを言うので、答えられる人に替わるよう要請し、別の担当者が出たので先程電話に出た人の名前を尋ねたところ、「あの人は非正規職員で私は名前は知りません」とのことでした。その正規職員も答えられず、結局保健課長がまともな返答をしたのでした。

雇用主は非正規職員に職務上必要な知識を与えておらず、また非正規職員も当事者意識が希薄です。人材の無駄使いです。

「追記」

友人T君に本書への掲載の了解を得た。返信。

「当方隻眼（緑内障により右眼失明）足腰も弱り杖をついて歩いています。八十を過ぎると個人差が大きいですね。（中略）

原稿拝読させて頂きました。我々戦中育ちの後世への遺言と受け留めました。内容は説得力があり、貴重な一冊となりましょう。

発刊されましたらお知らせください。近隣の中学校・高等学校に届けたいと思っています。無論子供、孫にも説明し読ませるつもりです。

与えられたたった一つの命、お互いに大事にしましょう」

尊敬する知人N氏からの手紙（3歳上90歳　元TV会社経営者）

先ずは、元気な間は世の中の役に立ちたいという気持ちと、それを平和教育として実行されている貴兄に心からの敬意を表します。

これまでの著作から、貴兄の大方の体験や考え方は承知しているつもりでいましたが、また改めて、貴兄の体験を通して原爆の脅威と悲惨さを痛感させられました。

また今回は、宇宙戦争やIT兵器などにも触れながら、最新の世界情勢を背景にした現状認識、そして次世代の日本人に向けて、世界平和実現への強い願いが綴られていました。

戦時下での実体験をしていない戦後生まれの人たちに対して、なぜ日本は戦争への道を辿ったのか、なぜ人々は軍部の勢いに流されていったのか、など彼らが当然抱く疑問や関心事と共に、今後への心構えや指針を示す内容も語られていました。

これらは単に日本の若者だけでなく世界中の同世代の、特に核保有国の若者たちにも真剣に考えてもらいたいし、知っておいて欲しい内容でした。

戦争を体験した世代は次第に世界から消えていきます。今後あのような戦争が地球上で起るかどうかは、まさに次世代の人間に懸かっています。

その彼らに如何に戦争が愚かであり、決してそのどちらにも勝者はいないことを知らしめていくのが我々世代の使命だと思います。同時に如何に平和が有難いことかを心に刻んで欲しいものです。（中略）

国と国が争っていれば、新兵器開発競争は必至であり、その挙句には「人類の滅亡」が待っているのは自明の理です。残念ながら、今はその道を突進しているとしか思えません。地球温暖化然り、プラスチック問題然り、民族・宗教間の争い、更に大国が自国主義を唱える現在の風潮では、いまこの世に生きている大人（為政者）たちでは解決できないのではと、いささか絶望的な気分になります。

話を現実に戻せば、日本の防衛問題も「岐路」に立っていると私も思います。「国家間の紛争解決の手段として武力は行使しない」という憲法の精神は大前提であり、その事は堂々と、日本は世界に発信し続けるべきだと思う一方で、当然独立国家として自国を守る武力は不可欠です。自分の国は自分たちで守るのは当たり前のことです。

喧嘩はしないが、やられれば負けないだけの力は持つべきです。ただ如何せん憲法第九条を呪文の如く、或いはあたかも万能の如く唱える日本国民が大半を占める限り解決されない問題でしょう。「誤解を招き易い議論ではあるが、独立国家としての厳しい道を選ばざるを得ない段階にきている」以下（『核兵器・宇宙戦争　岐路に立つ日本』）75頁末尾までの貴兄の主張に私は賛成です。

（省略文　しかし「非核三原則」の維持と「核兵器廃絶」は旗幟鮮明にしなければならない。世界が核問題での日本のリーダーシップを求めていることは事実だ。

人類は大きな犠牲をはらってきた。しかしこの過去の体験を生かしているとはいえない。今こそ日本政府は核兵器廃絶を標ぼうし、核兵器の抑止・廃絶のために世界の先頭に立って邁進すべきである。平和な未来を期待する地道な努力が必要である。

この結論は若い次世代の人々の判断にまかせることになりそうだが、我々は正しい判断材料を提供する義務がある。）

他国にしてみれば、日本はアメリカの核の傘を着ているとみるのが自然です。だからと言って、日本はアメリカの言いなりになってはならない。同盟国であっても属国ではないのですから。本当は「核の傘なんて要らない」と言える国であることが理想です。アメリカに気を遣わず、唯一の被爆国として「非核三原則」の遵守を明示し、核兵器禁止条約に賛成する勇気を持ってもらいたいし、アメリカにも、世界にも日本の真意を理解してもらう努力を国連などを通じて、粘り強く訴え続けたいものです。

すべては人間の為せる業です。人間形成の基本は家庭、学校、社会による「教育」です。そのレベルの向上に期待するしかありません。また古いと言われようと日本人が培ってきた美徳、貴兄の言葉を借りれば「真実」「良心」「節度と尊敬」「思いやり」の精神を子供たちの心に植え付けていくことが「教育」の基本であるといえるでしょう。私は自分を振り返って「修身」或いは「道徳」の小学校科目の重要性を、英語教育とともにこれからは必然だと思っています。

現在最も注目されているのは、米中対立による「新たな冷戦」です。中国は信頼感を欠く国柄ではありますが、かつて西洋列強から散々馬鹿にされ、蹂躙された歴史を考えると、経済・軍事力でその屈辱を払拭しようと躍起になる気持ちも理解できます。

一方自由民主主義、市場経済で伸長し、世界をリードしてきた西洋諸国にしてみれば、一党独裁・全体主義政治の下で、世界第二位の経済大国にのし上がった欺瞞と不信感の塊のような中国をこのままのさばらすわけにいかないという驕りがあります。

果たしてどのような決着を看るのか分かりませんが、双方とも核保有国であり、宇宙への進出にも覇権争いをしているとなれば、結果が「平和的な話し合いに終わるのか」それとも「新たな形の世界戦争に至るのか」目下の最大関心事だと思われます。


世の中は順送りです。日々目に見えて変わるものではありませんが、世代単位で見れば大きな変化が起こり得ます。お互いに生きてきた八十数年の間には、考えられないほどの「変化」を経験してきました。国家間の関係も然り、当時は米中の共通の敵は日本であり、日本は「鬼畜米英」でした。

或いは自然との関係でも、以前と比較して発展もあれば、後退と思われることも多々あります。

これから先のことは次世代に任せるしかありません。それを担う彼らにとって貴兄の主張や地道な活動は、子供たちにとって必ずや大きな判断材料になるに違いありません。

平和学習講座を是非続けてください。先ずは事実を知る事ですから。

参考文献・資料

掲載切手　元科学技術庁中野昭二郎氏のご厚意で提供されました。

書籍

『第二次世界大戦』ウインストン・チャーチル　河出文庫

『オバマへの手紙』ヒロシマ訪問秘録　三山秀昭　文春新書

『あの時、世界は…』NHK取材班

「原爆五十周年　広島市原爆被爆者援護行政史」編集　広島市衛生局原爆被害対策部

『ふたたび被爆者をつくるな』日本被団協50年史

DVD

「原爆死～ヒロシマ　72年目の真実～」NHKスペシャル

『〝もうひとつ〟の「原爆の図」』「衝撃の名画」・知られざるストーリー　フェイス

「祈り」

長曽我部 久（ちょうそかべ・ひさし）
1936年　朝鮮京城府（現ソウル）生れ　87歳
1歳で平壌（現ピョンヤン）　5歳で広島移住
1945年8月6日　広島原爆で父を失う。入市被爆
1955年　大阪府立高津高等学校卒業
1959年　関西学院大学経済学部卒業（国際経済学専攻）
1959年　産業機械・建設機械製造販売会社に入社
取締役営業本部長　国内販売会社3社社長
システムエンジニアリング会社社長を歴任
2010年　熊本市原爆被害者の会会長
2014年　熊本県原爆被害者団体協議会会長
2016年　日本原水爆被害者団体協議会九州ブロック代表理事
2019年　〃　6月監査役就任　後退任
2024年現在　毎年学生の「平和学習」講師を継続

著作
2009年　評論「荒廃への警鐘」熊本県民文芸賞評論・ノンフィクションの部一席受賞
2014年　著書出版『世界的視点での「脱原発論」日本のとるべき道』（トライ出版）
オックスフォード大学ボドリアン図書館、ケンブリッジ大学図書館、東大駒場、東北大図書館などに収蔵
2016年　DVD「これは雲ではない」「This is Not a Cloud」を発刊　世界に発信
2019年　英文「原爆投下の真実」発刊
「The Reality Accompanying the Atom Bombings」
2020年　著書出版『核兵器・宇宙戦争　岐路に立つ日本』（トライ出版）
オックスフォード大学ボドリアン図書館に収蔵

「核なき世界」を願って——消えゆく被爆者の祈り

2024年1月15日　初版第1刷発行

著者 ——長曽我部 久
発行者 ——平田　勝
発行 ——花伝社
発売 ——共栄書房
〒101-0065　東京都千代田区西神田2-5-11出版輸送ビル2F
電話　03-3263-3813
FAX　03-3239-8272
E-mail　info@kadensha.net
URL　https://www.kadensha.net
振替 ——00140-6-59661
装幀 ——佐々木正見
印刷・製本— 中央精版印刷株式会社

ISBN978-4-7634-2098-5 C0036